suhrkamp taschenbuch 919

Bodo Kirchhoff, Jahrgang 1948, lebt in Frankfurt am Main. Sein erstes Theaterstück *Das Kind oder die Vernichtung von Neuseeland* wurde 1979 am Saarländischen Staatstheater Saarbrücken uraufgeführt. Es folgten die Veröffentlichungen *Ohne Eifer, ohne Zorn.* Novelle, 1979; *Body-Building. Erzählung. Schauspiel. Essay,* 1980; *An den Rand der Erschöpfung weiter.* Einpersonenstück, 1980; *Die Einsamkeit der Haut.* Prosa, 1981; *Wer sich liebt,* 1981; *Glücklich, wer vergißt,* 1982; *Zwiefalten.* Roman, 1983. Aufsätze in Zeitungen und Zeitschriften.

Lebensraum Frankfurt/Main – ein Mann zieht dort hin, wohnt dort eine Zeitlang und zieht wieder weg – ein »Kleinbürgerfreak«, der gleich nach seiner Ankunft auf das Bahnhofsviertel stößt und auch weiterhin in dieser Gegend »Erlebnisse registriert«. In einer Abfolge von fünf Erzählungen notiert das registrierende Ich die »Grausamkeit des Augenblicks« bei einer ausländischen Prostituierten, vermerkt »haarscharf verfehltes Glück in der Liebe« in einer Peep-Show und einem Schnellrestaurant, verfolgt die »Unnatürlichkeit der Lust« in einem Stundenhotel, glaubt sich in seiner Wohnung als »Mittelpunkt des Universums« und wird als Unfallzeuge von einer »Notwende« überrascht. Was ihm in den einzelnen Episoden zustößt, bringt das registrierende Ich zur Sprache, mit genauen Angaben von Ort und Zeit, wodurch nach und nach ein geschriebener Stadtplanausschnitt entsteht – Topographie von Wunschverläufen, in denen sich das Mögliche mit dem Unmöglichen, das Heimliche mit dem Unheimlichen mischt.

Bodo Kirchhoff
Die Einsamkeit der Haut

Prosa

Suhrkamp

»Mittelpunkt des Universums« erschien bereits in
Bodo Kirchhoff, *Body-Building* (*edition suhrkamp* 1005)
Umschlagfoto: Gunther Rambow

suhrkamp taschenbuch 919
Erste Auflage 1983

Druck: Nomos Verlagsgesellschaft, Baden-Baden
Printed in Germany
Umschlag nach Entwürfen von
Willy Fleckhaus und Rolf Staudt

1 2 3 4 5 6 – 88 87 86 85 84 83

Die Einsamkeit der Haut

Grausamkeit des Augenblicks

Rücksichtslos an den Entgegenkommenden vorbei, auf einen Ausgang zu. Der Frankfurter Bahnhof ist ein Kopfbahnhof. Ich weiß nicht, was ich heute schon in dieser Stadt zu suchen habe. Es hätte auch die Möglichkeit gegeben, erst morgen in der Früh zu fahren. Etwas drängt mich seit geraumer Zeit. Doch nicht mal die Vorstellung, was es gewesen sein könnte, besteht.
Durch Unterführungssysteme, im Hin- und Rückfluß zahlloser Menschen, deren Tod mich nicht berühren würde, und wieder hinauf auf eine Straße, in der wohl niemand mehr wohnt. Vorüber an Spielhallen, Schnellwäschereien, Ausländerscharen, einem Mannschaftswagen und Häusern voller Frauen. Nirgends ein Lebensmittelgeschäft; ich habe Lust auf eine Tüte Milch. Hinter den Fenstern statt dessen versprechendes Licht oder überhaupt nichts. Aufgegebene Räume wahrscheinlich, verwaiste Zimmer. Ich biege um die nächste Ecke und betrete das erste Gebäude auf der rechten Seite. Im Treppenhaus und in den Fluren streunende Freier, in den offenstehenden Türen überwiegend Schwarze. Andere Rassen sind schwächer vertreten. Ich weiß nicht, was ich will im einzelnen und folge meinem Blick, wohin er fällt.

Die junge Frau ist aus dem Mittelmeerraum, vermutlich. In ihrer Kammer steht eine Liege, und neben der Liege, auf einem Schränkchen, reizt mich etwas

von weitem, das ich nicht bezeichnen kann. Eine mechanische Lichtorgel vielleicht; mir fehlt das treffende Wort.
Wieviel..? will ich wissen und außerdem noch ihren Namen. Sie deutet Richtung Brustbein – auf sich. Rosalia.
Möglichkeiten gehen mir durch den Kopf, während sie anfängt zu reden, meinen Spielraum verengt. Ihr Sprachschatz ist gering. Einige Begriffe für das, was sie bietet, die Zahlen Dreißig und Vierzig, das Hauptwort Gummi und die Verhältniswörter mit und ohne. Ich merke, daß sie mich erreicht hat. Etwas zumindest, das mich durchzieht, und komme mir entblößt vor. Nicht auszudenken, daß sie mit nur einem, noch dazu falsch ausgesprochenen, verstümmelten Wort, zur Sprache bringen konnte, was ich womöglich von ihr will.
Wie heißt das neben deinem Bett, das Bunte da..?
Die kleinen Hausaltäre fallen mir ein, die ich im Süden ab und zu gesehen habe, wenn ich in den Armeleutevierteln einen Blick in die offenen Fenster warf, auf Betten, in denen Greisinnen lagen, unterhalb der bunten Lichter. Anregend der Gedanke, daß sie noch fromm ist; aber es könnte sich auch schon erledigt haben.
Du wollen..? fragt und löchert sie mich, und ich gehe in die Kammer. Sie schließt die Tür hinter mir, sagt noch einen weiteren Halbsatz, verwendet den Ausdruck schön, und ich greife ihn auf.
Was ist das für ein schönes Ding da neben deinem Bett..?

Sie streicht mit den Fingern darüber, tippt es an, steigert das Spiel der Farben. Einen Augenblick lang scheint sie sich zu freuen, dann möchte sie Geld. Als sei etwas Bestimmtes vereinbart worden, besteht sie auf Vierzig, und ich reiche ihr zwei Scheine, die sie in einer Schachtel verstaut. Danach zieht sie ihre Wäschestücke aus, wendet mir dabei den Rücken zu und lenkt mich ab.

Für einige Sekunden, bis eben, mußte ich an etwas anderes denken. An den kommenden Tag.
Woher bist du? unterbreche ich die Stille, und sie deutet auf einen Schemel: dort soll ich meine Kleider hinlegen; und während ich das Hemd aufknöpfe, sagt sie Portugal. Portugal.. da bin ich auch schon gewesen.. Da war ich auch schon mal.. Aber das beeindruckt sie nicht. Lisboa.? hake ich nach, du aus Lisboa.? betone ausdrücklich das Wort, und sie sieht mich an und wiederholt es, leise, wie eine Parole. Möglich, daß sie dort schon tätig war. In den Barrios von Lissabon lauern die Frauen, neben Gemüse- und Fischverkäufern, in Hauseingängen und Nischen und heben für den, der einen Blick riskiert, blitzschnell den Rock, um ihr Werkzeug zu zeigen.
Sie ist nackt, und ich stehe noch immer in Hosen herum. Streife mir die Schuhe jetzt ab, und sie tritt vor die Waschgelegenheit. Ihr Körper wirkt jünger als ihr Gesicht und zeigt keine großen Farbunterschiede. Nur auf die natürlichen Falten zu, wird die Haut immer dunkler. Dort liegen die Gefahrenherde. Ich fürchte mich vor einer Infektion und

schaue vorsichtig an ihr entlang. An manchen Stellen treten Muskeln in Erscheinung, Folgen einer gleichförmigen Verrichtung, Feldarbeit vielleicht. Ganz verschiedene Prägungen auf ihrem Körper. Welten zwischen ihren Händen und den Augen: plumpe Finger, vielsagende Art zu schauen. Vergleichbar beschaffen hingegen Schenkel und Brüste; auf beidem noch keine Spur von Geschichte, keine erzwungenen Formen zu sehen, keine unnatürlichen Eindrücke. Und sicher weiß sie um die Wirkung dieser Bereiche von ihr und kennt die beiden deutschen Worte.

Du hast sehr schöne Schenkel..

Mit einem eigentümlichen Laut stimmt sie mir zu. Als hätte ich etwas angesprochen, das sie schon gewußt hat, bevor sie Ja und Nein sagen konnte.

Ich lege meine Hose über den Schemel, die Socken behalte ich an. Lissabon ist eine entsetzlich schmutzige Stadt, und ich will mich erinnern. Doch sie bricht es ab, zum Glück, führt mich ans Licht und fängt mit einer Untersuchung an.

Bist du aus Lissabon? Lisboa zu Hause..?

Ich sehen.., sagt sie und drückt an mir herum. Offenbar kennt sie sich aus, verschafft sich mit dem Zeigefingernagel Einblick, fahndet nach Indizien. Ihre Routine beruhigt mich und ängstigt zugleich; es ist die erste Untersuchung dieser Art, der ich unterzogen werde.

Wie lange bist du schon hier? Wie lange in Frankfurt?

Zwei Monat..

Mona-te, verbessere ich sie und lege meine Hand auf

ihre Schulter. Für Vierzig ist es inbegriffen, sie auch zu berühren. Langsam fahre ich an ihrem Oberarm herab, springe über zur unteren Hälfte der Brust, streife den Hof um die Warze und gleite weiter bis zum Nabel, wo wir uns plötzlich in der Quere sind. Ich ziehe meine Hand zurück und sehe ihr zu: wie sie in den Haaren stöbert, vermutlich nach Läusen. Und als sie damit fertig ist, beginnt sie mich zu waschen.

Wie alt bist du? Wie alt..

Sie benützt gewöhnliche Seife, und ihre Finger sind geschickter, als ich dachte. Anscheinend will sie mich reinlegen, spekuliert auf ein vorzeitiges Ende, hat aber gar keine Chance; ich bin ganz woanders, weit entfernt von mir. Streichle über ihren Rücken, entlang der Wirbelsäule, bis in die Höhe des Steißbeins und merke, daß ihr schauert. Ich wiederhole den Weg, doch sie entzieht sich kurz vor dem Punkt. Als fürchte sie sich vor dem Unwillkürlichen.

Schön machst du das..

Die Waschung ist gründlich, nicht nur auf bestimmte Stellen konzentriert. Augenblicklich hat sie Oberhand.

Ich dich auch..? frage ich und deute es an. Sie reicht mir die Seife und hockt sich auf den Beckenrand. Ich habe noch nie eine Frau gewaschen, nur zugesehen dabei. Genau verfolgt sie meine Hände, und ich lasse nichts aus. Spüle dann den Schaum weg, trockne sie überall ab und nenne meinen Namen. Sie spricht ihn nach, ich korrigiere. Beim vierten Mal betont sie richtig, in Verbindung mit einer Geste. Ein seltsames

Zeichen, welches meinen Namen unterstreicht, das mich vorübergehend sprachlos macht; sie weist mir einen Platz auf ihrer Liege an.
Die Liege muß unendlich dreckig sein. Anzunehmen, daß sie schon seit Jahren in der Kammer steht. Das Muster aus Rauten ist kaum noch erkennbar. Über die Mitte der Liege ist ein Tuch gebreitet. Auch das Tuch ist nicht mehr frisch. Ich setze mich auf die Kante und sehe sie an.
Wie alt bist du?
Sie drückt meinen Oberkörper nach unten, beugt sich über ihre Arbeitsstelle und sagt zwanzig.
In der Decke oberhalb von meinem Kopf befindet sich ein Loch. Wahrscheinlich hing dort mal eine Lampe, womöglich sogar ein Lüster. Die Kammer ist im nachhinein entstanden durch Unterteilung eines großen Raumes in mehrere Verschläge. Ich drehe meinen Kopf zur Seite, spüre, wie sie tätig wird, mich teilnahmslos macht, ein Stück weit verschlingt, während ich schaue. In meinem Blickfeld nichts Persönliches von ihr, oder ich nehm es nicht wahr. Vieles zieht an mir vorbei, ohne daß es auffällt. Es erreicht mich so wenig, daß ich mir ungestört das Gegenteil einbilden kann, das Gegenteil von dem, was mir passiert; alles ist denkbar. Denkbar, daß ihr die Arbeit Vergnügen bereitet, nirgends ein Hinweis auf Haß. Meine Hand liegt jetzt auf ihrem Schenkel, dort ist es warm.

Draußen sind Stimmen zu hören, ich verstehe kein Wort. An ihrer Körperhaltung hat sich was verän-

dert. Wie spät mag es sein.. zwanzig nach vier vielleicht.. allenfalls halb fünf; mein Zeitgefühl ist in Ordnung. Wir liegen nebeneinander, ich auf dem Rücken, sie auf der Seite. Gerne würd ich ihre Brüste halten, wenigstens eine davon, umgehe sie aber, möchte mich nicht vergreifen, nicht verraten und biete meine Hand als Stütze an für ihren Kopf, komme dadurch mit der Wange in Kontakt.
Überrascht von dieser Wendung zögert sie. Es dauert eine Zeitlang, bis der Kopf Gewicht erhält. Behutsam richte ich mich auf, und beide sehen wir zu der Stelle, um die sich unser Vorgespräch gedreht hat. Ich weiß nicht, was geschehen wird. Sie will mich in der Hand behalten, soviel steht fest.
Als ich in gleicher Höhe bin mit ihrer Schulter, benützt sie noch einmal das Stichwort, gegen mich gerichtet. Ich sinke wieder zurück, versuch, sie dabei mitzunehmen. Ihre Finger setzen die Arbeit noch fort, mit ihren Augen scheint sie mir nachzugeben; nicht mehr diese Wachsamkeit, bilde ich mir ein.
Bist du müde.. Du müde..? Schlafen?
Sie möchte wissen, was die Frage soll. Ich stehe auf, gehe zu meiner Hose, hole aus der Tasche einen weiteren Schein und lege ihn auf die Schachtel.
Wie lange kann ich bleiben? Wie lange ich hier..? Ich.. hier.. bei dir.. wie lang?
Sie greift nach dem Geld, gibt einen A-Laut von sich und spricht es dann aus: Gemutlich..
Gemütlich, verbessere ich und frage sie, wie lange ist das? Wie lange dauert gemütlich? Eine Stunde? Bis halb sechs? – übersetze ihr durch Zeichen, und sie

nickt. Wir nehmen wieder unsere Positionen ein, nichts weiter. Die Entwicklung ist stehengeblieben; ich bin noch immer woanders; sie kann meine Abwesenheit buchstäblich fühlen. Nicht auszuschließen, daß es sie verletzt, so erfolglos zu sein. Ich schaue an ihren Augen vorbei, suche nach Spuren auf ihrer Gesichtshaut, und plötzlich öffnet sie den Mund und führt mir eine Zungenleistung vor.
Kein Kunststück für mein Empfinden. Nichts, was von jeher dem Überfluß diente, etwa dem Abschmecken von Süßigkeiten, eher einer Gier nach handfester Nahrung. Kein Zweifel, daß sie noch mehr haben will, mein ganzes Geld. Und kopfschüttelnd lehn ich das Angebot ab. Fast mit einem Gefühl von Enttäuschung, in das ich mich hineinsteigern könnte.
Die Nutzlosigkeit macht ihr wohl Angst. Womöglich hält sie mich für ihren Mörder; mitten in das Schweigen fragt sie: Du Lisboa? und ich summe ihr den Anfang von »April in Portugal«. Doch sie scheint das Lied nicht zu kennen. Vielleicht kennen es auch nur die Touristen, und ich versuche es mit Namen. Amalia Rodriguez..? Keinerlei Wirkung; dann die Helden der Revolution, mit entsprechender Betonung. Aber auch das geht daneben. Es gibt keinen Anknüpfungspunkt, jedenfalls nicht im Moment. Und um es wieder voranzutreiben, weiterzukommen, taste ich ihr Becken ab, gleite langsam über ihren Oberschenkel, über die Außen- und die Innenseite und versuche nun meine Hand zwischen die Beine zu schieben, gegen keinen spürbaren Wider-

stand, im Gegenteil, wenn auch nicht erkennbar ist, wie sie entgegenkommt dabei, nicht mir, sondern sich; nur eine unscheinbare Verschiebung, durch die meine Hand einen größeren Spielraum erhält. In meine Ohren strömt Blut.

Noch immer stützt sie sich mit einem Ellenbogen ab, aber der Körper verrät eine Neigung: Sie will sich gehen lassen, glaube ich. Etwas über sie gebeugt bereits, in noch unverfänglicher Distanz, seh ich sie mir an. In ihrem Gesicht herrscht Unruhe. Die Augen springen hin und her, die Stirn ist in Bewegung, ihr Mund ist sprechbereit. Ich komme noch ein Stückchen näher, und sie hält mir meinen Namen vor. Verwendet ihn und fragt mich, was ich mache, was für eine Arbeit.
Was ich bin..?
Was arbeit? wiederholt sie sich.
Ich suche nach einem Buch, doch es liegen nur Illustrierte herum.
Buch.. Bibliothek.. Bibliotheka.. Ich in Bibliotheka.
Wieder der gewohnte Laut, nur etwas höher als sonst. Sie scheint sich zu freuen, mehr als vorhin, strahlt über Wiedererkanntes, ein Wort, vielleicht auch bloß eine Silbe. Freude einer Silbe wegen, und unterdessen leg ich meine Hand auf ihre Stirn. Beschwere sie, bis ihre Haare endlich die Liege berühren.
Jetzt wieder Wachsamkeit in den Augen. Alles übrige, die Haut, die ich erblicken kann, wirkt offen.

Ich wandere mit meiner Hand nach unten, aus ihrem Magen dringt ein Geräusch. Nach einer Umkreisung des Nabels fange ich an, ihren Namen zu schreiben, ROSALIA, vom Bauch über die Leiste Richtung Knie, mit der Spitze meines kleinen Fingers, der in die Oberfläche drückt. Bei der Verschleifung von S zu A öffnet sie das reche Bein noch etwas weiter, so daß der Schritt nun freiliegt. Das Schamfleisch ist dunkel, beinahe schwarz und geschlossen; ich streife es auf dem Rückweg.
Wie lange bist du hier? Wie lange du arbeiten.. hier..?
Zwei Uhr.. zwei Uhr..
Und in der anderen Zeit..? Wenn du nicht arbeiten..
Schlafen.
Und wenn du nicht schläfst?
Mit den Händen deutet sie mir Essen an, Essen und Schlafen. Inzwischen bin ich wieder auf dem Innenschenkel und teile ihn ein in Quadrate. Für einen Moment schließt sie die Augen, etwas länger, als es vielleicht notwendig wäre zur reinen Erholung der Augen, und ich versuche vorzudringen.
Kennst du Frankfurt? Frankfurt .. kennen .. Römer.. Zoo.. Airport..?
Aeroporto!
Wieder ein Verbindungswort, Erstaunen auf beiden Seiten. Sie gibt den A-Laut von sich, und ich greife ihr ins Haar. Allmählich wird sie unvorsichtig, unterschätzt die Situation, könnte sich in mir täuschen. Den linken Schenkel habe ich beschrieben, für den anderen muß ich meine Lage noch weiter verbessern.

Etwas von ihrer Unruhe kehrt zurück. Was? will sie wissen, was..?
Ich.. dich.., beginn ich zu erklären, und sie mischt sich ein, zählt wieder auf, was ich in ihren Augen wollen muß.

Die Luft in der Kammer ist schlecht. Schweiß rinnt über mein Gesicht, ich weiß nicht weiter. Handle zwar, doch ohne jede Absicht. Sie kann mich nicht verantwortlich machen; niemand.
Eine gespannte Stellung hat sich ergeben. In meinem Blickfeld jetzt, auf dem Boden, eine aufgeschlagene Fernsehzeitung. Heute ist Donnerstag, der siebenundzwanzigste März. Abba! Abba! heißt die Sendung um einundzwanzig Uhr fünfzehn im Ersten. Viertel vor zwölf kommt Basketball-Europapokal. Ich senke den Kopf, bis zwischen ihrem Bein und meinen Augen kaum noch ein handbreiter Raum bleibt. Im Dritten gibt es einen Spielfilm; auf ihrer Haut fast keinen Hinweis. Nur durch den Mund atmend, zeichne ich Rauten. Und schon wieder diese Furcht vor einer Infektion, womit auch immer. Für einen kurzen Zeitraum hinterläßt der Fingernagel Spuren. Zuerst einen hellen Streifen, dann einen rötlich gefärbten, wenn Blut in die Druckstellen nachfließt. Plötzlich bewegt sich ihr Fuß. Ich fahre die Strecke noch einmal ab, bis an den Punkt, an dem ihr wieder etwas durch und durch geht – das Gleiche wie eben, vielleicht auch Dasselbe, nicht zu entscheiden – und wende mich um. Sehe, daß sie zur Wand schaut, in einen Spiegel, der dort hängt. Allem

Anschein nach ist sie gespalten. Und der Drang, ihr etwas zuzufügen, wächst.
Auf dem vorgeschriebenen Weg, vom Innenknie bis an die Falte zwischen Oberschenkel und Gesäßansatz, geht mein Blick nun hin und her.
Rosalia..
Sie sieht mich an und sieht mich. Ihre Pupillen haben sich verändert. Das Spähende ist weg. Oder ist nunmehr nach innen gerichtet, in den Schädel hinein; zu mir schaut nur die empfängliche Seite.
Ein schöner Name..
Noch während ich das sage, schließe ich die Augen, setze sie dem eine Zeitlang aus, öffne sie dann kurz und wiederhole das Spiel. Beim vierten Nachsehen hält sie ihre Augen auch geschlossen, aber blinzelt noch. Was sie danach macht, kann ich nur ahnen; ich wende mich wieder ab, ihr Schenkel ist das nächste, was ich sehe. Die vertraute Anordnung zweier Leberflecken, darunter ein Haar, darunter eine winzige Narbe, sonst nichts von Bedeutung; zwar ließe sich schon eine Karte anlegen, von diesem Gebiet, doch nahezu weiß. Stück für Stück bewege ich mich auf der unsichtbaren Bahn, und ihre Beine geben weiter nach, jetzt weder ihr noch mir zuliebe, denke ich und mache einen Sprung.
Sicher kommt sie vom Land, aus einer gottverlassenen Gegend, und wahrscheinlich hat sie dort schon Kontakte gehabt. Wenige Übergriffe, die aber zählen. Keine großen Geschichten. Was anschließend kam, war bloß Betatschen, spätestens nach dem Waschen aus dem Gedächtnis gelöscht. Ich spreize

meine Finger, damit sich die Handfläche etwas breiter anfühlt, grabe die Kuppen ein Stück ein und lege noch einmal empfindlich die Spur – entlang einer Grenze zum Schmerz, bei deren Überschreitung für sie wohl der Eindruck entstände, ich sei nicht ganz richtig im Kopf – und stelle unterdessen Fragen.

Wo bist du geboren? Wo.. zu Hause.. in Portugal..?

Wo geboren.. zu Hause..

Beja!

In Beja?

Halbe Stunde.. Beja.

Also doch in einer gottverlassenen Gegend. Ein Schweißtropfen löst sich von meiner Nase, fällt auf ihre Haut und gleitet die rechte Schrittfalte runter. Auf einem ausgedehnten Weg, der mich bis an ihren Schamhaarrand führt, nehme ich ihn wieder zu mir.

Du Beja?

O ja, sagc ich, hciß dort, heiß..

Beja liegt sehr weit im Süden. Das Umland ist flach. Viele Ortschaften haben nur eine einzige Straße, die vor allem den Hunden gehört. Die meisten liegen schlafend herum und lassen ihren Hunger damit hinter sich. In manchen dieser Dörfer gibt es, jeweils am Ende der Straße, eine Discotheka, die nur am Samstagabend auf hat. Und oft beginnt dahinter das Feld, und nur die Sträucher auf den aufgegebenen Äckern bieten Paaren eine Deckung. Wer auch hingegriffen hat bei ihr, er konnte es vermutlich so wenig genießen wie sie. Eine einfache Überlegung, die erste seit langem, und ich bleibe dabei.

Beja.. Lisboa.. Frankfurt..?
Ich weiß nicht wodurch, aber sie stimmt mir zu. Jemand muß sie hierher gelockt haben. Oder auch nicht; vielleicht gefällt ihr Frankfurt sogar besser als ihr Dorf. Es könnte doch sein, wäre immerhin möglich. Es auszuschließen, wäre jedenfalls gewaltsam.
Die freien Flächen zwischen den einzelnen Haaren sind heller als andere Partien. Ich mache mir eine Schneise, bis an den Übergang zu den äußeren Merkmalen. Ein schmaler, kerbenreicher Kamm, auf den ich meinen Mittelfinger schiebe.
Frankfurt schön..? lenk ich sie ab, oder nicht schön..?
Keine Sonne..
Wiederum der A-Laut, langgezogen diesmal. Unter dem vorderen Glied meines Fingers teilt sich die Haut, und ihr Körper kommt sich noch einmal entgegen: mit einer eigenen, ruhigen Bewegung. Als könne der Unterleib atmen und holte gerade tief Luft. Und ich drücke meinen Mund auf ihr Geschlecht.
Die Bewegung in der Lichtorgel ist schwächer geworden, ruhiger. Die kleinen bunten Plättchen drehen sich wie von selbst, ich schließe die Augen. Milliarden von Bakterien haben ihren Wirt gewechselt und nisten sich in einer neuen Flora ein. Ich fürchte mich nicht mehr – im Mund herrscht mehr Resistenz als dort unten – und ich weiß inzwischen, was ich wollte: den umgekehrten Vorgang, doch das wäre viel zu gefährlich gewesen.

Zu einem Abschluß ist es nicht gekommen. Ich habe plötzlich unterbrochen, ihr eine Frage gestellt, wann sie mal wieder nach Hause fährt, mich umgedreht und ihre Augen gesehen. Sie hat die Frage nicht verstanden, beziehungsweise verkehrt und mich noch einmal angefaßt. Ich habe ihr gesagt: Kaputt.., bin aufgestanden und habe sie hinter meinem Rükken gehört, wie sie mich bedauert hat, mit ihrem ewigen A-Laut. Und während ich mich angezogen habe, ist sie vor ihre Waschgelegenheit getreten und hat sich zwischen den Beinen gewaschen.
Einem Händedruck zum Abschied ging ich aus dem Weg. Ich lief hinunter und hinaus und kühlte mein Gesicht an der Luft. In der Main-Pension in der Elbestraße bekam ich ein preiswertes Zimmer.
Jetzt putze ich mir gerade die Zähne und will mich nicht weiter erinnern. Morgen werde ich auf die Beerdigung von meiner Mutter gehen und übermorgen vielleicht schon ihre Räume hier bezogen haben.

Zehn Minuten vergehen

Seit geraumer Zeit schon, seit dem Wohnungswechsel wahrscheinlich, drehe ich mich nicht mehr um beim Gehen. Niemand folgt meinen Schritten, niemand schaut mir nach. Auch jetzt nicht, hier, auf diesem Platz, der eigentlich gar kein Platz ist. Kein Ort, der etwas Bestimmtes vertritt, wie zum Beispiel den nahegelegenen Bahnhof oder die Republik oder einen toten Dichter.

Ich fühle mich leicht. Trete nun in einen Randbereich zwischen diesem Scheinplatz und der Straße, eine Aufenthaltsgleichgültigkeit empfindend, der sich nichts entgegenstellt. Nicht einmal das Hochhaus am Ende der Straße, das sich in einer Mischform zeigt: aus Prunksucht und Verschwendungsangst, die es mir zu einem faden Ding macht; es stört mich nicht weiter.

Hier oder dort, auf jeden Fall in diesem Grenzgebiet, bleibe ich stehen, unbeschwert, von den wenigen Eindrücken abgesehen, habe noch knapp zehn Minuten Zeit und muß auf einmal denken, sinngemäß und im nachhinein wiedergegeben: Die wirklichen Plätze, die eigentlichen Hochhäuser, sind immer da, wo ich nicht bin, ganz egal, wo ich bin; und da fällt mir plötzlich ein, was ich heute früh, während ich die Neuerscheinungen sortierte, zunächst überflog und später, in der Mittagspause, nachlas. Einen Aufsatz zur geistigen Situation der Zeit, dessen Verfasser unter anderem meint, das Eigentliche immer zu verschweigen oder, wie auch zu lesen war, das Schlimmste nicht zu sagen. Etwas schiebt sich über die Erinnerung an das Geschriebene. In den Fenstern der Bordelle auf der rechten Moselstraßenseite reflektiert die Abendsonne. Ich gehe ein paar Schritte weiter und bleibe dann dabei. Ohne schon abzusehen, warum, biege ich in die erwähnte Straße ein, stromere an den Häusern entlang, schlüpfe in die Lücken zwischen den Entgegenkommenden, wodurch sich ein Weg ergibt, und stelle mir gleichzeitig vor, diesem Verfasser zu sagen, daß er seine Lage verkennt, ja sogar beschönigt; ich könnte jedenfalls das Eigentliche nicht verschweigen, weil es nicht vorhanden ist für mich, und vielleicht ist das das Schlimmste und ist damit gesagt.

Auf der Uhr, die Ecke Moselstraße/Taunusstraße hängt, ist es genau acht Minuten vor sechs. Wenn ich einmal um den Block lauf, kommt es hin.
Im Gegensatz zur Moselstraße bietet die Taunusstraße noch Unsicherheiten. Hier warten hin und wieder Frauen ohne Zeichen der Bereitschaft auf den ersten Blick. Jüngere und ältere, von denen niemand weiß, wohin sie einen führen, wie sie beschaffen sind im einzelnen, was sie gewähren, was sie verweigern. Das erweckt dann eine angenehme, fast vergessene Angst.
In meiner Einbildung führe ich oft Auseinandersetzungen mit bekannten Leuten, denn ich höre mir dann, im Unterschied zu anderen, die nur an mir lauschen, wenn ich rede, als sei ich eine Wand, auch

zu. Ich sage mir, in dieser Unterredung mit dem Aufsatzschreiber, wissen Sie, ich selbst bin effektiv ein anderer und würde niemals öffentlich, wie Sie das tun, mich zur Geschichte stellen, äußerstenfalls ein paar Worte verlieren, mich aber nicht erklären wollen, das wäre tatsächlich ein Witz. Obwohl ich kein Gegner bin von Geschichte. Oder von Sinn. Wenn sich Sinn ergibt, warum nicht.. Ich könnte jedoch, anders als Sie, völlig schamlos in der Ich-Form schreiben; das würde mich höchstens als Schreibkraft bezeichnen, verstehen Sie, mich aber keineswegs bedeuten und schon gar nicht als Autor.. Und dann sehe ich ihn innerlich an, etwa in Höhe des Spielhalleneingangs, begleitet von elektronischem Piepen, und halte ihm vor: Das Zusammendenken von Ich und Selbst ist doch in Wirklichkeit der Größenwahn.., will das noch vertiefen und werde wieder unterbrochen.

Vor dem Geschäft mit den Schlangenlederstiefeln hält sich eine junge Frau auf ohne Arme. Ich bleibe stehen, so wie andere Männer, Ausländer zumeist und Messebesucher, in unverdächtiger Entfernung und schaue auf Umwegen hin. Links hat sie gar keinen Arm, und ihr Hemd ist oben verknotet. Rechts ragen zwei Glieder aus einem Schlitz und halten eine Zigarette. Sie lehnt an der Schaufensterscheibe und sieht an jedem vorbei. Dreht ab und zu den Kopf zum Zigarettenende hin, raucht, entfernt mit ihrer Zunge Tabakkrümel, macht Mundbewegungen und andere Zeichen und sendet zudem noch auf unsichtbare Weise; ich weiß nur, daß ich es empfange. Trete ein Stückchen näher und habe plötzlich das Gefühl, in ihrem Weichbild zu stehen; schaue mir indessen, in meiner Absicht noch gedeckt durch die übrigen Männer, ihr Gesicht im ganzen an und, wiederum gedeckt, nun durch die Gesichtsbetrachtung, von dort oben aus, in einer kurzen Abschweifung, die Formen ihres Körpers, nicht von Mitleid ergriffen, sondern unbegreiflichem Begehren.

Sie trägt ihre Haare gesteckt, so daß die Zone zwischen Ohr und Mund breitflächig freiliegt, ohne Spuren von Befall; und auch sonst nirgends ein zu deutliches Merkmal. Ich lasse meinen Blick auf ihr ruhen, an einer geeigneten Stelle, und nie zuvor Gedachtes schießt mir durch den Kopf. Wünsche, die sich überwerfen zu Begierden, zu Zwangsvorstellungen vom Glück, welche ich, nach und nach, mit anderen Überlegungen verschiebe: Wie schminkt sie sich.. wie kleidet sie sich aus.. womit verschafft sie Reizung.. wie reinigt sie sich nach der Arbeit.. wie setzt sie sich, notfalls, zur Wehr..

Ihr Unterkörper wirkt an jeder Stelle voll, nicht dick, sondern kräftig. Von ihrem Becken, wo er haften blieb zuletzt, gleitet mein Blick wieder rauf, zu ihrem Mund, den sie noch immer in Bewegung hält. Als sei sie damit imstande, so lege ich es mir zurecht, unglaubliche Dinge zu tun, das noch gar nicht Angebbare. Und ich ziehe mir rasch, wie stets in solchen Fällen, ein Netz von Gedanken darüber: Ob sie sich für Bücher interessiert .. ob ich mit ihr reden könnte.. über diesen Aufsatz vielleicht oder sie womöglich als Krüppel bezeichnen..

Ein Mann tritt neben sie und flüstert ihr, zu Boden sehend, sein Anliegen zu. Sie nickt zuerst und schüttelt dann den Kopf. Der Mann dreht sich um und verschwindet, die Verbliebenen mit ihm. Ich bin jetzt weit und breit der Einzige in ihrer Nähe. Auf der Uhr über dem Wäschereieingang Ecke Taunusstraße/ Elbestraße ist es vier Minuten vor sechs.

Die junge Frau läßt ihre Zigarette fallen und tritt sie aus. Neigt nun ihren Kopf so weit zur rechten Schulter, daß die Glieder die Haare erreichen, entfernt eine Spange und verwandelt sich langsam. Unterdessen geh ich auf sie zu und bleibe, einen halben Meter versetzt, vor ihr stehen, schaue auf die Schlangenlederstiefel in dem Laden und frage sie nach Preis und Ort und Dauer.
Sie erteilt mir Auskunft ohne Unterton, ich zögere daraufhin. Bis sie einen Spottlaut von sich gibt. Ich sehe sie an und weiß nichts zur Antwort; taumele für einen Augenblick und höre mich dann sagen, interessierst du dich für Bücher..?
Wieder ohne Unterton beantwortet sie meine Frage, und ich behaupte auf einmal, aus der Luft gegriffen, mit einem Satz, in dem ein Wort das andere gibt, in einer Stichwortkette von Versprechungen, daß ich Journalist sei und schreiben wolle über sie, über ihr Leben, über ihr Schicksal, ihre Probleme und so weiter, bis sie mich zum Schweigen bringt. Mit beiden Gliedern eine neue Zigarette aus einer Extratasche ihres Hemdes angelnd, hält sie mir vor: Du bist ja nachtragend, was .. – und sieht mich

jetzt beinahe an. Ich greife in meine Jacke, an meinen Schlüsselbund und verstehe sie nicht. Lasse mir das Wort durch meinen Kopf gehen, male es mir buchstäblich aus. Und nach einer Weile sage ich: Nein, das heißt ja, aber nicht besonders.. und füge noch hinzu, was ich bei meiner stillen Unterredung vorhin vergaß: Im Grunde bin ich völlig einfallslos, bestimmt. Höchstens der Einzeller ist originell, und hinter dem steckt dann womöglich noch Gott..

Gott..? wiederholt sie, mit einem weit entfernten Fragezeichen und pult ein Feuerzeug hervor, mit ihren Stummeln ein Schauspiel vollführend; und ich verfolge, wie sie sich die Zigarette ansteckt, den Kopf verdreht, mit entsetzlicher Geschicklichkeit. Sie macht einen Zug und sieht mir dabei, ganz überraschend, ins Gesicht, ein Bein, wie mir jetzt auffällt, halb über das andere setzend, so daß Falten entstehen, die ich bis zu ihrem Ursprungsort ergründen will, den ich aber nicht feststellen kann in diesem Bruchteil einer Sekunde, ehe ich sie wieder anschau. Ihren unablässig arbeitenden Mund, der sich gerade zu öffnen beginnt. Freundlich sagt sie zu mir: Gehst du dann wieder weiter..

Wie spät ist es? frage ich laut, und sie deutet mit den Augen auf die Uhr oberhalb vom Wäschereieingang. Zwei Minuten vor sechs ist es dort, wenn die Zeiger nicht täuschen. Dann.., sage ich, hingerichtet auf sie, muß ich sowieso los.. Verwende noch eine Abschiedsformel, laufe zur Ecke, biege in die Elbestraße ein und denke plötzlich an den Schwarzwald, an einen Ort, der Hinterzarten heißt, an einen Weiher in der Umgebung, an Kaulquappen, die ich einfangen könnte – etwa in Höhe der Pic Dame, andauernd bis zu Ampel.

Jenseits der Kaiserstraße, schon weit hinter der Armlosen, am Rande des Platzes, der keiner ist, liegt mein angenommener Ausgangspunkt. Als ich dort eintreffe, ist es etwas vor sechs auf der Hauptbahnhofsuhr, und ich sehe mich um.
Auf dem Hochhaus neben dem Theater tanzt, hervorgerufen durch Metall und Sonne, quecksilbriger Glanz, wie ich es beschreiben würde, wenn ich müßte. Und noch an diesen Gedanken gebunden, kippt etwas in meinem Hirn: Vor kurzem hab ich mir dort eine Mütze gekauft, erinner ich mich. Wenn ich sie trage, komm ich mir unmöglich vor, denn ich habe nichts, was dazu paßt.
Jetzt wird es sechs Uhr sein vermutlich, und sollte mich hier jemand treffen, dieser Aufsatzmensch am Ende, und fragen, was los ist mit mir, ich könnte ihm sagen: Ich beschwere mich nicht, es läuft.

Haarscharf verfehltes Glück in der Liebe

Nichts fällt mir in den Schoß. Ich sitze in einer Ecke des Schauspielhauscafes, zur Klugscheißerstunde, nach der Abendvorstellung, wo es dort von Musterfällen wimmelt, und lese. Lese in einem Taschenbuch über einen Mörder und warte auf die Sahne, die der Kellner vergaß, als er mir den Apfelkuchen brachte. Der Apfelkuchen steht vor mir und lockt. Ich lege die Lektüre beiseite, schaue einem Vorbeigehenden ins Gesicht, in irreführende Züge vermutlich, und beginne mit dem Verzehr. Der Kuchen hat Geschmack, und so frage ich mich, ob dieser unverzögerte Genuß womöglich einträglicher ist als ein Aufschub, an dessen Ende dann der Sahnezuschlag steht; am schlimmsten ist mir nach wie vor das Unerträgliche.

Ich lehne mich zurück und versuche, durch Menschenstudium den kritischen Zeitraum zwischen dem bloßen Stück Kuchen und dem eigentlichen Apfelkuchen mit Sahne zu füllen. Mir schräg gegenüber, auf einem roten Sofa, zwei plappernde Schauspieler. Ich nehme noch einen Bissen und schnappe auf. Die Rede ist von einem Regisseur, seinen Möglichkeiten, Zutritt zu verschaffen. Plötzlich der Kellner. Ich rufe: Hallo! und gebe ihm ein Zeichen, das heißen soll: Wo bleibt die Sahne.., und der Kellner nickt, und ich genehmige mir noch ein Häppchen. Lausche wieder hinüber und vernehme einen anderen Namen, für den man wohl den ersten ausgewechselt

hat. Auch dies ein großer Regisseur, dem beide sich verbunden fühlen, wie es scheint.
Den Tortenboden mag ich gar nicht. Im Grunde hasse ich dieses Cafe. Wo ich hinsehe, zwischen Topfpflanzen, Plüsch und exotischen Kellnern, Zeichen heimlicher Verwandtschaft; wo ich hinhöre, zwischen immer gleicher Bandmusik, Namen über Namen: Eigennamen, Ortsnamen, Kosenamen, Spitznamen, Künstlernamen und so weiter. Nichts Überraschendes. Einschließlich der Faxen alles aufeinander abgestimmt. Nirgends etwas Skandalöses, alles gemäßigt.
Die Sahne! Ich häufe sie auf und merke, daß zwischen dem verbliebenen Apfelkuchen und dem hinzugekommenen Sahneberg ein Mißverhältnis besteht, welches sich kaum noch mit dem Ausgangswunsch, Apfelkuchen mit Sahne, deckt. Die Dinge haben sich rascher verschoben als meine Gelüste. Mir bleibt nur noch zu wählen zwischen einem nachträglichen Verlangen nach Sahne als Hauptgericht und dem Verlassen des Cafes. Da ich ein Süßigkeitenmensch bin, zu jeder Tages- und Nachtzeit, liegt es nahe, zu bleiben. Dagegen spricht der Wunsch nach Harmonie im Verhältnis beider Speisemengen zueinander; er ist immer noch wirksam. Aber auch die Möglichkeit, es woanders, mit einem ganz anderen Wunsch, um ungeschmälerten Genuß zu finden, von neuem zu versuchen. Alles in allem eine bedrängende Situation.
Und von einem Augenblick zum anderen sehe ich mich einen großen Teil der Sahne wieder wegneh-

men, auf den Sahneteller zurückbefördern und nur noch so viel übrig lassen, wie ich für den restlichen Apfelkuchen, vorausgesetzt, ich hätte von Anfang an über die Sahne verfügt, aufgehoben haben würde. Diese Entscheidung, die getroffen worden ist, kommt mir voraussichtlich entgegen. Sicherheitshalber teile ich aber die entstandene Portion in drei Happen, einen kleinen, einen mittleren und einen großen, um die Bedingungen für Steigerung zu schaffen. Ich warte noch ein bißchen ab, nehme dann den ersten Brocken und streife unterdessen durch den Raum.. gleite mit meinem Blick von Reiz zu Reiz, stelle mir ein Stück der einen oder anderen Frau in meinen Händen vor, spüre Annäherung an das gewünschte Aroma, versetzt mit Gier auf den nächstgrößeren Happen, und erwarte die noch fehlende Unterscheidungsnote, hoffe auf totale Wiederholung eines ersten Apfelkuchen-Sahne-Glücks.
Die beiden Schauspieler stehen auf, und zwei Mädchen setzen sich auf das frei gewordene Sofa. Der zweite Happen ist ein einziges Versprechen auf den dritten. Ich schlucke ihn hastig hinunter. Die Mädchen fangen an zu wispern. Sie brechen ein in meine Phantasie; gezwungenermaßen stell ich mir vor, wie sie sich paaren. Der letzte Brocken ist eine Enttäuschung. Er füllt den Mund in keiner Weise aus, gibt sich dem Gaumen nicht zu erkennen; weder stimmt die Menge, noch die Zusammensetzung des Geschmacks – der Tortenbodenanteil überwiegt. Ich rufe den Kellner, bezahle, schaue dabei zu den Mädchen rüber, aus den Augenwinkeln, vor allem

auf die eine, die brünette, die mit den vollen Schultern, stehe auf und verlasse das Cafe in Richtung Bahnhofsviertel.
Gehe den kurzen Weg unter dem Vordach von Schauspiel und Oper, vorbei an Schaukästen, in denen Szenenfotos hängen, die mich immer wieder anziehen. Ob es die Abgebildeten genießen, wenn sie sich, vorübergehend, wiedersehen.. Dann sind es nur noch ein paar Meter bis zur Kreuzung. Auf der anderen Seite der Häuserblock zwischen Münchner- und Kaiserstraße. Hier verläuft die Grenze noch nicht.
Ich gehe hinüber, biege in die Münchner ein und übertrete jene Linie, die das Bahnhofsviertel vom Theaterviertel trennt, hinter der ich vor Klugscheißern sicher sein kann; hinter der das Verlustieren anfängt.
Schon im Bereich der Weserstraße Gemischtes. Der Wäscheladen etwa, in dem, neben Faltenröcken und hochgeschlossenen Blusen, Netzstrümpfe, Strapse, Dessous und andere Reizbekleidungsstücke liegen, in dichten Bildern der Begierde. Ich bleibe kurz stehen und laufe dann weiter. Das verfehlte Apfelkuchen-Sahne-Glück liegt hinter mir, und ein anderer Wunsch nimmt langsam Formen an: Volle Schultern.. brünett..; und ich frage mich mal wieder, weshalb ausgerechnet dieser Wunsch, weshalb gerade ich.., stromere die Kaiserstraße runter, und das Bahnhofsviertel nimmt mich auf.

Das große Peep-Show-Center liegt im ersten Stock.

Über die geschwungene Treppe komme ich in einen Vorraum und wechsle sofort einen Schein; bei dem Angestellten hinter dem Schalter, der auch den Wechsel der Modelle ansagt. Ich nehme die Markstücke, stecke sie ein und schaue mich um. Meine Stammkabine ist besetzt, und so überbrücke ich mit Menschenstudium, wie gehabt. Nicht mehr Ausländer als gewöhnlich, kaum Zeichen von Scham. Erwartung von Kurzweil in den meisten Gesichtern; manchmal sogar von Erleichterung, aber das kann auch nur Einbildung sein. Japaner, wie immer, in Gruppen. Pakistanis noch ein bißchen scheu. Alte Männer treten im Alleingang auf. Der Lieblingsplatz wird frei, und ich beeile mich. Laufe an den Rand der halbkreisförmig angeordneten Kabinen, wo es zu einem kurzen Zwischenfall kommt. Mit einem Türken vermutlich, der gleichfalls die entlegene Kabine will.

Nach kurzem Hin und Her setzt sich der Türke durch, obgleich auch ich mich höflich zeige: Er besteht auf Rücktritt. Ich beziehe meinen Stammplatz, schließe die Tür hinter mir, verriegele und schiebe dann das erste Markstück in den Schlitz. Augenblicklich öffnet sich die Klappe, und durch das Fensterchen, welches ungefähr die Größe meines Taschenbuches hat, kann ich ungehindert einsehen, in das Innere des halbrunden Raumes, in dessen Zentrum sich eine Scheibe dreht. Eine Plattform, auf der, mit dem sonstigen Interieur nicht im Einklang, ein Privathandtuch liegt, blau grün rot gemustert, auf dem sich das Modell in gebückter Haltung vorzeigt.

Sie ist dunkelhaarig – und damit gestorben. Trotzdem versuche ich dabeizubleiben, mich zu konzentrieren, eine Mark ist eine Mark, und einen Punkt auf ihr zu finden, der mir Reiz verschafft, doch es gelingt nicht. Beinahe gleichgültig schau ich ihr zu, nehme fast nur die Gymnastik wahr, hoffe auf baldigen Wechsel, verschwende meine Zeit. Endlich schließt sich die Klappe, und ich stehe im dunkeln, wie schon so oft. Empfinde angenehme Abgeschiedenheit; begrenztes Alleinsein da, wo ich bin. Einen Zustand, den ich variieren kann: durch Nachwurf eines Markstückes oder Entriegeln der Tür, ganz nach Belieben; ich lasse das Modell sich zeigen, kontrolliere es, mache den Zustand zu einem halben Alleinsein, im Hinblick auf den anderen Körper, oder hebe ihn vollständig auf, indem ich meinen Platz verlasse. Möglichkeiten, die mich immer wieder stimulieren. Sie treiben mich hierher.

Zunächst genieße ich eine Zeitlang Möglichkeit Eins, das abgeschiedene Alleinsein, mit Wissen um die zweite Möglichkeit, die des geschwindelten Alleinseins. Ich hole eine schmale Taschenlampe aus meinem Jackett, um weiterzulesen. Leider gibt es keine Sitzgelegenheit. Abgesehen davon, ist die Kabine funktional. Es fehlt nicht mal ein Eimerchen für Taschentücher. Manche erleichtern sich auch gegen die Wand; die Spuren lassen keinen Zweifel.

Das Buch über den Kindermörder B. stützt sich auf zuverlässige Quellen. Ich schlage es auf und erwische eine Stelle, an der B. sich zu erinnern versucht. »Ich

glaube nicht«, gibt er zu Protokoll, »daß ich je als Kind nackt herumlief. Ich glaube auch nicht, daß ich es gern getan hätte.« Dann folgen Erklärungen, die unwichtig sind.
Der Angestellte sagt den Wechsel an. Vielleicht die Eine aus dem Schauspielhauscafe.., und ich steck die Münze in den Schlitz und schaue. Suche hastig ihre Oberfläche ab und finde keinen Halt; alles läßt zu wünschen übrig. Ich glaube, ich leide. Suche noch eimal nach einer Mulde, nach einem Fältchen, nach etwas Bestimmtem, das ich von woandersher kenne, aber nichts desgleichen. In ihrem Schritt ein Wirrwarr aus Büscheln und Läppchen, keinerlei Hilfe. Und ich schaue weg und warte auf die Nächste. Lese die Vernehmungen von B. und versäume einen Wechsel und den folgenden auch.
Erst als eine Frau aus Skandinavien angekündigt wird, riskiere ich wieder ein Markstück. Vorsichtig späh ich hinein, sehe, daß die meisten Klappen zu sind und weiß jetzt, daß die Peep-Show bald geschlossen wird. Das neue Modell hockt auf seinem Handtuch, weiß mit roten Tupfern, den Oberkörper nach hinten gebeugt, stützt sich ab und hat die Beine angezogen. Ein nahezu vollkommenes Bild, bis auf die Fesseln. Unförmig, wie sie sind, verhindern sie mir Harmoniegefühl. Wieder schaue ich weg, nach höchstens vierzig Pfennig Nutzung, und warte auf das letzte Mädchen. Werfe nach, als es soweit ist, und denke auf den ersten Blick: Ende gut, alles gut.. volle Schultern, brünett, übersichtliches Geschlecht.. Ich streife mit den Augen über ihren

Halsansatz, mache Ausflüge nach links und rechts, gleite dann abwärts bis zum Vorsprung der Brust, ziehe Kreise, die allmählich enger werden und bleibe schließlich haften an der winzigen Furche, die die Spitze der Warzen durchzieht. Und so vergeht die Zeit – sie zeigt es, und ich schaue hin. Bis sie plötzlich unterbricht, nach den Klappen sieht und aufsteht, ihr Handtuch nimmt und gehen will, dann aber zögert und sich umdreht. Sie sieht, daß meine Klappe noch geöffnet ist, kommt zurück, legt ihr Handtuch wieder hin und fängt noch einmal an mit dem Zeigen. Zeigt jetzt alles nur für mich und blickt an mir vorbei, haarscharf. Ich sehe ihre Augen, drehe mich um, sperre die Tür auf und laufe; so schnell es eben geht, die Treppe runter, hinaus ins Freie, überquere die Fahrbahn, laufe weiter durch die Moselstraße, über die Münchner rüber und kehre ein ins Moseleck.

Das Moseleck hat offen bis drei, in Messezeiten sogar bis vier. Auf der ganzen hinteren Wand das Moseleck als Poster: eine malerische Biegung der Mosel unterhalb einer Burg; ein Lokal mit Referenz. Ich setze mich in die Nähe der Musikmaschine, wo ich immer sitze, und Renate bringt mir mein Bier. Am Ausschank Jacob – undefinierbar. Aus Gewohnheit sag ich zu Renate: Ein halbes Hähnchen . . und sie zu mir: Wie immer . . Im Moseleck ändert sich gar nichts, und deshalb komme ich hierher. Befasse mich mit einem halben Hähnchen und werfe Geld in die Maschine, um das Hamsterlied zu hören, so wie jetzt, im

Augenblick. Das Hamsterlied schlägt ein; die Leute singen mit, Männer wie Frauen.. Es war einmal ein Hamster, der hatte der Weiber vier.. Polygamie, Polygamo../ da kam ein harter Winter und nahm ihm der Weiber zwei.. Bigamie, Bigamo../ da kam ein trockener Sommer und nahm ihm noch ein Weib.. Monotonie, Monotono../ da gabs ein großes Unglück, und er war ohne Frau.. Onanie, Onana../ da kam ein großer Traktor und schnitt ihm ab sein Krrk.. ohne Krrk, ohne Frau, der Hamster ist ne arme Sau../ Traktor hin, Traktor her, der Hamster kann nicht mehr..

Renate bringt mein Bier. Wo sie sich aufhält, ist das Zentrum. Jacob fragt nach meiner Arbeit. Ich sage: Es läuft.. und trinke. Lehne mich zurück und wiederhole im Kopf den Abgang aus der Kabine. Hier war mal wieder was passiert. Diese emotionalen Episoden werden immer seltener, vor allem solche, die sich zum Erzählen eignen, verzichtet man auf Standardfälle, und so bin ich zufrieden mit mir. Knüpfe ich nämlich einen neuen Kontakt, was gelegentlich noch vorkommt, ist es jeweils nützlich, eine Reihe von Gefühlsgeschichten in der Hinterhand zu haben. Von überzeugenden Ereignissen, aus denen ich, wenn möglich, irgendwie verändert hervorgegangen sein könnte. Das findet immer Gehör. Überhaupt haben Selbstbezichtigungen, Bekenntnisse und Geständnisse aller Art, per saldo den größten Erfolg. Und ein Beischlaf bleibt ein Beischlaf, auch aus Mitleid. Ich lüge für mein Leben gern.

Zwei Paare, die ich vom Sehen kenne, betreten das

Lokal, mit ihnen ein Hund. Das eine Paar streitet sich meistens. Die Kleine, der der Hund gehört, mit ihrem Freund. Heute ist der Streit besonders heftig. Die beiden anderen tun um so verliebter. Schließlich steht der eine auf, der mit der Brille, den grauen Haaren und der spitzen Nase, den ich am wenigsten mag von den vieren, und läuft hinaus. Die Kleine keift ihm hinterher, und er erinnert mich an irgendwen, jetzt, wo er sich nochmal umdreht, mit diesem tragischen Ausdruck: so impertinent, daß ich gehen würde, falls er wieder reinkommt. Doch er verzieht sich, Gott sei Dank, und ich schaue hinüber.
Die Kleine, die zu ihm gehört oder er zu ihr, je nach dem, hat so was.. so was Begehrenswertes. Ich kann nicht sagen, was im einzelnen, weiß nur, daß es mich reizt, mich piesackt auf der Haut. Das halbe Hähnchen kommt. Ich fange an, es zu zerlegen, was mir, wie immer, Abwechslung gibt, und nehm mir vor, es ihrem Hund zu schenken, obwohl ich nichts übrig habe für Hunde, aber dieser Hund für mich; für meine Hose. Er reibt sich häufig seinen Kopf an meinem Hosenbein. Da ich meistens dieselben Sachen trage, in dieser Gegend hier, kann es natürlich sein, daß der Hund inzwischen seinen eigenen Geruch erkennt und sich nur deshalb an mir reibt, aus Wiederholungsliebe und nicht, weil er mich mag, vorausgesetzt, der erste Kontakt mit meiner Hose war nichts weiter als ein Zufall. Um mir Erfolg bei ihm zu sichern, biete ich ihm gleich ein gutes Stück und locke ihn mit seinem Namen. Fleck kommt auf mich zu, riecht, reibt seinen Kopf an meiner Hose,

schnappt den Schenkel, und seine Besitzerin sagt: Er liebt Hähnchenfleisch.. Ich nicke ihr zu, mehrmals, und plane einen Zwischenfall: Schiebe mein Bierglas langsam an den Rand, lotse das Tier mit Versprechungen unter den Tisch und warte dann auf einen günstigen Moment.
Der Zeitungsneger! Schlagzeilen, die den neuen Präsidenten nennen, lenken ab. Ich zwicke den Hund und trete gleichzeitig gegen das Tischbein, so daß der Eindruck entsteht, daß das plötzlich aufspringende Tier, welches auf den Zeitungsneger zurennt, unbedingt Schuld hat am Umkippen des Bierglases, das mir soeben in den Schoß gefallen ist und seinen Inhalt, es war nicht mehr allzuviel, vorsichtshalber, dort ergossen hat.
Der Effekt ist beachtlich. Die Kleine schimpft mit ihrem Hund und fragt mich, ob es schlimm sei. Nur die Hose.., spiele ich den Fall herunter und verführe sie zu weiteren Fragen. Wir kommen ins Gespräch. Die beiden anderen sind mit sich beschäftigt, reden über Probleme.
Heute ging alles daneben.., weite ich die Sache aus und bringe die Geschichte mit der Sahne. Da ich nicht unerfahren im Erzählen solcher Kurztragödien bin, gewinne ich das Ohr der Kleinen. Und wie erwartet, vermutet sie schon bald hinter allem, was ich sage, irgendetwas anderes. Fragt, als ob es etwas zu verstehen gäbe, von dem nicht ohnehin die Rede ist.
Es ging doch gar nicht um die Sahne.., behauptet sie am Ende, und ich breche ab. Springe von der Sahne

zu der Peep-Show, schildere ihr meinen Abgang und schließe, noch ehe sie zu Wort kommt, mit dem Satz: Ich bin ein zufriedener Mensch im übrigen.. Verschränke die Arme und grinse sie an. Und nun..?
Was und nun..
Nun sind Sie also zufrieden.
Sie glauben mir das nicht.. Oder schauen Sie immer so, als ob Sie tiefer blicken würden.. Worauf sie nichts sagt, und ich weiterrede, mit Rücksicht auf Verluste, entgegen sonstiger Gewohnheit. Das Thema zu wechseln versuche, um Chancen auszuloten, Risiken. Doch sie bleibt stur. Fängt mich jetzt hintenrum an zu duzen, bohrt: Warum erzählste mir das eigentlich..?
Warum hörnse sichs denn an?
Die Kleine schweigt und schaut mir ins Gesicht, ich kriege sie nicht in den Griff. Sie hält mir ihre Zigaretten hin, sticht mit der Schachtel in meine Richtung, und ich sage: Überschlagen Sie sich nicht.., und sie schaut auf meine Hose. Sehr naß?
Halb so wild.., enttäusche ich sie und schweige dann mit. Kürzlich las ich etwas über Schweigen. In manchen Fällen hat auch das Erfolg.
Endlich fragt sie mich, nach einer kleinen, grausamen Ewigkeit: Was willste denn von mir..?
Überschlagen Sie sich nicht, warn ich noch einmal und bring den Zwischenfall ins Spiel. Ihr Hund ist sehr impulsiv.. Hat er noch nie gemacht, so was.., verteidigt sie ihn, und ich komme ihr ein Stück entgegen: Schönes Tier.. obwohl ich Hunde sonst nicht mag..

Das glaube ich nicht.
Das glauben Sie nicht..
So benimmste dich gar nicht.
Ich sehe weg und denke mir, den kenne ich, den Kniff.. und sage laut: Es steckt überhaupt nichts dahinter! Und sie lächelt mich mitleidig an, ohne jeden Zweifel. Als sei ich irgendwie unheilbar krank oder von oben bis unten behindert.
In der neuen Taktik noch ungeübt, halt ich nun nach Kräften meinen Mund. Die beiden anderen empfehlen sich. Vielleicht haben sie ein neues Problem entdeckt. Die Frau wirkt so begeistert. Ich kann jedenfalls Probleme nicht ausstehen, nicht mal die ergiebigen. Meine Welt ist problemlos, bis auf Kleinigkeiten, von Zeit zu Zeit. Das jetzt hier zum Beispiel, obgleich die Sache gar nicht schlecht steht: Fünfzig zu Fünfzig nach meiner Erfahrung oder auch ein bißchen besser.
Ich wende mich ihr wieder zu und blicke ihr in die Augen, so, als ob tatsächlich etwas sei; mehr, als nur der Unfug mit dem Blick – Liebe.. Verzweiflung.. Wahnsinn.. Tod.. – und lächle dazu. Sie hat sehr schöne, fröhliche Augen; die Nase vielleicht eine Idee zu groß, aber das macht der Mund wieder wett, ihre genau begrenzten Lippen; eine Spur von Jane Fonda.
Immer noch die Schweigerei. Mir fällt das Buch in meiner Tasche ein. Ich könnte sie fragen –
Sag mir, was du willst! verlangt sie plötzlich, und ich zucke mit den Schultern. Sagen Sie doch, was Sie wollen.. Oder mach ich Sie nervös..?

Und nach einer Weile äußert sie sich; behauptet hinterher zumindest, sie habe es gerade getan, respektive hingewiesen auf das, was sie will und so weiter.
Womit denn bitte.., frage ich. Ich habe nichts vernommen. In ihrem linken Auge glänzt es. Nicht ohne Charme der Anblick, nicht ohne Witz. Ich reiche ihr ein Wegwerftaschentuch und sage: Ihr linkes Auge tränt, von mir aus gesehen. Entweder ist es entzündet, oder Sie sind traurig.
Ein paar Sekunden verstreichen. Dann schneuzt sie sich und zahlt, und ich zahle auch. Eine Einladung hätte nicht weitergeholfen. Sie steht auf, geht mit ihrem Hund hinaus, und ich verfolge sie. Hole sie ein und begleite sie nach Hause. Ohne Armumlegen und die anderen Versuche; bloß keine Entgleisungen in dieser Lage.
Und etwas später, während der Hund an meiner Hose schnüffelt, rutscht mir vor der Haustür ein Machsgut heraus. Sie schaut mich an und ich sie auch, aber leicht daneben – und dann schließlich immer mehr – bis sie kehrt macht und im Haus verschwindet.
In Ordnung, denke ich. Drehe mich um und lauf die Münchner hoch. Überschreite die Grenze zum Theaterviertel und gehe noch weiter. Sehe mir die Bilder an in den Schaukästen am Schauspiel und lese die Texte darüber.

U. B. gewidmet

Unnatürlichkeit der Lust

Lange danach, im Frühsommer. Kaum was los momentan, also Sonntag; ziemlich schwül und gegen zwei, wo sowieso alles tot ist.
Ich stehe Ecke Moselstraße/Niddastraße unter einem Wahlplakat. Halte Ausschau wie immer, doch es tut sich nichts. Schließlich laufe ich weiter und pralle fast mit jemandem zusammen. Hebe meinen Kopf und denke auf den ersten Blick: eine seltsame Person.
Ich spreche sie an, weil die Gelegenheit günstig ist, so gut wie niemand in der Nähe, auf meine übliche Tour, mit einem einzigen Wörtchen, und die Person geht darauf ein; sieht mich an und sagt, wobei sie ihre Brille abnimmt und Stäubchen von den Gläsern bläst: Absolut kein Verlangen.. Das verblüfft mich; ich habe mit allem anderen gerechnet. Wer hier so stromert, am frühen Sonntagnachmittag, hat doch einen Grund, und ich weiß nicht, was ich dem entgegnen soll. Das kommt vor, sage ich einfach und setze noch hinzu, um wenigstens irgendeine Überlegung zwischen die Person und mich zu schieben: Von Fall zu Fall.., worauf sie kurz die Augen schließt und meint: Es gibt ja auch Unfälle, oder..
So ein Menschentyp ist mir noch nie begegnet. Was hat das eine mit dem anderen zu tun..? frage ich zurück, und sie, die seltsame Person, meine neue Bekanntschaft, flüstert mir zu: Alles hat das eine mit dem anderen zu tun.
Jetzt versteh ich gar nichts mehr. Können wir nicht

normal miteinander reden.., bitte ich sie. Aber nicht hier.. an dieser Ecke. Ich kenn eine Pension in der Nähe, da können wir reden.. in der Elbestraße.
Die Main-Pension.. die kenne ich auch.
Und wir brechen auf, ohne besondere Eile. Bummeln, als gehörten wir zusammen und gingen hier völlig ziellos.

Die Main-Pension ist oberhalb von der Apollo-Bar, noch immer; es gibt dort Unterkunft für jeden, auch für Exoten, nach wie vor. Meine Bekanntschaft handelt an der Rezeption, als sei sie hier zu Hause. Sie läßt sich einen Schlüssel geben, und wir steigen in den zweiten Stock. Das Zimmer liegt zur Straße hin. Es ist weitgehend sauber, an den Bezügen fällt nichts auf. Um etwas gegen die Hitze zu tun, öffne ich das Fenster – und schaue. Schaue in die Wohnung gegenüber, wo jemand ebenfalls am Fenster steht, aber unbekleidet. Ein junger Mann mit einem schwarzen Oberlippenbärtchen. Und weiter hinten in dem Raum, auf einer Couch, im Halbdunkel, knieend, eine junge Frau, auch nackt, wie mir scheinen will.
Vielleicht ist ein Geschlechtsverkehr in Aussicht, überleg ich mir und ziehe mich ein Stück zurück, um nicht meinerseits gesehen zu werden. Meine Bekanntschaft hat sich hingelegt. Ich wende mich ihr zu und sage: Fehlt dir was.., und sie zieht ihre Schuhe aus und nickt.
Aber du bist doch nicht krank..?
Keine Angst.. mir fehlt nur was. Das ist wirklich alles.

Ich schaue wieder hinüber, wo sich der junge Mann jetzt zu der jungen Frau begibt, und sage: Wir wollten doch normal miteinander reden hier.. Du, ja, ja.., hör ich von hinten, das machen wir schon.
So ein ausgefallener Mensch; ich kann es immer noch nicht fassen und verfolge das Geschehen gegenüber. Es sieht so aus, als ob der junge Mann nun vor der jungen Frau steht und sie bei ihm hantiert.
Du kannst mir sagen, was dir fehlt.., versuche ich es vorsichtig von neuem. Drehe mich um und bin für einen Augenblick entsetzt, für den Bruchteil einer Sekunde, und warte auf eine Antwort. Er hat sich also ausgezogen, dieser Mensch.
Nach einer Weile schließt meine neue Bekanntschaft wieder kurz die Augen und sagt leise: Ich selber bin so lustlos, das ist alles.., blinzelt mich an und macht eine Bewegung. Was bedeutet das..? möchte ich wissen. Daß ich zu dir kommen soll.. Sie nickt und schüttelt dann sofort den Kopf. Also was.. Zu dir kommen oder hier stehen bleiben.. Oder beides.. In den Körper, der da vor mir liegt, kehrt plötzlich Leben. Du, wenn das möglich wäre.. prima.
Und ich schaue wieder nach drüben.
Die beiden haben sich zurückgezogen. Sie sind jetzt nur noch umrißartig zu erkennen; manchmal auch nur ausschnittweise, so daß ich es ergänzen muß in meinem Hirn. Die junge Frau scheint zu hocken. Sie bewegt den Oberkörper hin und her, unentwegt, wie ein schwachsinniges Kind. Es könnte sich um ein Fellatio handeln.

Ich kann einen Geschlechtsverkehr sehen.., teile ich mit, und aus dem Hintergrund die Frage: Wieso heißt es eigentlich Geschlechtsverkehr..?
Eine Wolke schiebt sich vor die Sonne, gegenüber jetzt alles im Dunkeln. Langsam wende ich den Blick zum Bett, betrachte meine Bekanntschaft und versuche über ihre Frage nachzudenken. Sie ist keine Schönheit. Für eine Schönheit ist sie viel zu breit. Aber häßlich ist sie auch nicht. Dazu ist sie viel zu reichlich ausgestattet. Ein Mensch mit einem gigantischen Körper, der auf mich wirkt, als sei er gar nicht nackt. Als sei seine Nacktheit noch eine Vermehrung; ein hauchdünner, maßgefertigter Anzug, Zeichen von südlichem Überfluß.
Keine Ahnung, sage ich schließlich und erwarte, daß sie irgendeinen Vorschlag macht, ein Gespräch beginnt. Stehe da, mit verschränkten Armen und überlege. Vielleicht sollte ich mich gleichfalls ausziehen oder mich wenigstens obenrum freimachen..; und ich ziehe mir das T-Shirt aus. Doch meine Bekanntschaft sieht mich nicht. Soll ich mich ganz..? frage ich nach. Wie du willst. Ich will nur, daß du hersiehst, meint sie, schließt erneut die Augen und beginnt sich zu befriedigen.
Mich besticht weit mehr, was sich dort drüben alles abspielt. Ich drehe meinen Kopf so weit, daß ich gerade noch sehe, was hinter mir geschieht und dabei gleichzeitig beobachten kann, was auf der anderen Seite vor sich geht. Der junge Mann ist jetzt im Blickfeld. Er bückt sich vor der jungen Frau, die ihn in irgendeiner Form behandelt, und ich male

mir den Vorgang aus. Schaue unterdessen, was auf dem Bett passiert, und ein Bild reiht sich an das andere.
Sie macht es sich nicht ungeschickt. Mit zwei Fingern überträgt sie Reibung und gewährt sich mit dem Daumen ihrer linken Hand noch einen Zusatzreiz. Soll ich mich nackt vor dich stellen.., biete ich ihr an, doch sie lehnt ab. Du.. ich muß an etwas ganz Bestimmtes denken, wirft sie ein. Alles andere bringt mich durcheinander.
Kurzes Schweigen. Ich bin neugierig geworden, konzentriere mich vorübergehend nur auf diesen einen Menschen vor mir auf dem Bett. Frage ihn, woran er denken muß und höre mit Erstaunen: An ein bestimmtes Wort.
Zwischen den Augen meiner Bekanntschaft nunmehr eine tiefe Falte. Sie kämpft, und ich will sie nicht stören. Möchte freilich wissen, an welches Wort sie denken muß, aber traue mich nicht nachzuhaken. Bin still und blicke von neuem hinüber. Durch das geoffnete Fenster, in das verdunkelte Zimmer, auf die verschiedenen Teile der Körper des jungen Mannes und der jungen Frau, die sich inzwischen zu paaren versuchen, jeder mit dem anderen.
Plötzlich kippen beide ab, entzweien sich auf einen Schlag. Die junge Frau springt auf, versetzt dem jungen Mann einen Hieb und läuft hinaus. Der junge Mann hält sich den Kopf, geht zum Fenster und sieht in die Scheibe. Danach öffnet er das Fenster, beugt sich über den Sims und starrt hinunter, weshalb auch immer.

Hinter mir jetzt Geräusche, und ich schaue nach. Es nähert sich dem Ende. Auf dem Körper haben sich Flecken gebildet, und an besonders beanspruchten Stellen treten Adern hervor. Mit rasenden Bewegungen reizt sie es hoch und denkt wahrscheinlich an ihre Parole. Dann unterbricht sie auf einmal, öffnet die Augen und versichert sich. Ich nicke ihr zu, drücke die Lippen zusammen, versuche zu ermutigen, bis sie einen neuen Anlauf nimmt – wende mich wieder um und erschrecke.

Der junge Mann steht jetzt im Fenster, unbekleidet nach wie vor, und trägt sich offenbar mit dem Gedanken, abzuspringen. Auf dem Bürgersteig, wie an jedem freien Tag, zahllose Türken, die streiten; ein paar von ihnen schauen schon rauf. Vor dem Eingang der Pension die Geistesschwache und ihre hinkende Kollegin, die dort, wie immer, auf Ausländer warten; sie schauen auch bereits nach oben. Gegenüber geht die Haustür auf, und die junge Frau kommt raus, in einem Regenmantel. Hinter mir setzt Stöhnen ein. Nun ist es wirklich kurz vor dem Abschluß, und ich drehe mich noch einmal um und sehe, wie er zappelt. Als ob der ganze Körper aufgehängt sei am Geschlecht und sich vergeuden muß für diesen einen Punkt.

Dann von unten plötzlich laut die junge Frau. Sie brüllt ein Wort hinauf. Zu dem jungen Mann, der in diesem Moment am äußersten Rand steht und schwankt. Das Stöhnen hinter mir nimmt zu, doch ich schau nicht mehr zurück. Auf der Straße gafft jetzt alles nach oben, aber keiner gerät aus dem Takt. Die

Geistesschwache hebt ihr Röckchen. Die Hinkende hinkt einige Schritte. Die Türken streiten einfach weiter. Und meiner Bekanntschaft kommt es. Sie schreit, und der junge Mann gleitet aus, und schreit gleichfalls. Als er aufschlägt, hat sie ihren Höhepunkt, ein unglaublicher Zufall; schreit nun ganz alleine und wirft ihren Kopf hin und her. Ein paar Türken werden aufmerksam auf diesen anderen Schauplatz, und ich mache mich klein. Die übrigen rennen zu der Aufschlagstelle.
Von hinten immer noch Schnaufen. Auch der Verletzte atmet heftig. Die junge Frau will es nicht glauben; sie schaut ganz woanders hin. Meine Bekanntschaft fängt sich allmählich. Ich wende mich rechtzeitig um, noch ehe sie die Augen wieder öffnet. Sie liegt ausgestreckt da, und auf ihrem Körper glänzt es. Dann sieht sie mich an, und ich ziehe die Augenbrauen hoch, und sie nickt. Ich stimme ihr zu, und blicke wieder hinunter.
Der junge Mann ist auf den Bauch gefallen. Der Kopf liegt auf der Seite, und aus dem Ohr rinnt Blut. Die Leute sind sehr aufgeregt. Eben bückt sich jemand, spricht den Keuchenden an. Der junge Mann bewegt die Hand. Hinzugekommene drängeln. Er lebt! ruft einer aus der Menge, und zwei Türken laufen zu der jungen Frau.
Was ist da..? fragt meine Bekanntschaft.
Ein Unfall, antworte ich.
Die beiden Türken bringen die junge Frau vor Ort, und sie beugt sich hinunter. Rüttelt an dem jungen Mann und beschimpft ihn. Man will sie wegzerren,

doch sie läßt nicht los. Richtet seinen Oberkörper auf und brüllt. Der junge Mann erbricht sich. Gewaltsam trennt man jetzt das Paar, und der Gestürzte fällt ein zweites Mal zu Boden. Vornestehende weichen zurück.
Wann war das..? fragt meine Bekanntschaft.
Gerade eben, antworte ich.
Von ferne schon die Sirenen, und aus dem Hintergrund vertraute Geräusche. Sie wäscht sich.
Hat es denn geklappt mit dem Wort..?
Hat es dir denn Spaß gemacht zu schauen..?
Ja, ja, sage ich, das war schön.., und sie darauf zu mir: Du, das Gefühl hatt ich auch.. Ich hab gespürt, daß das gut war für dich.. so wie du da gestanden bist.. so immer auf der Kippe.. Oder nicht..
Und nach kurzem Schweigen ich zu ihr: Du, wirklich gut.. bestimmt.. Und wiederhole es und denke: So ein Mensch.. jetzt wäscht er sich extra.
Die junge Frau inzwischen am Ende der Straße. Sie sieht in eine Autoscheibe. Ein Polizeiwagen kommt, und die Türken machen Platz. Viele zeigen auf die junge Frau. Ein Polizist geht zu ihr, zwei andere sichern ab. Die Neugierigen treten zur Seite, übrig bleibt der junge Mann. Abgeschieden liegt er da und scharrt mit den Füßen. Dann hört er plötzlich auf damit, gerade als das Unfallfahrzeug eintrifft. Sanitäter steigen aus, eilen hinzu, begutachten ihn. Mit größter Vorsicht legen sie den jungen Mann auf eine Bahre, schieben sie in den Wagen und fahren mit ihm davon. Die Polizisten reden unterdessen mit der jungen Frau. Die Türken haben wieder zu streiten

begonnen. Und meine Bekanntschaft hat sich angezogen.
Als wir vorhin unten waren, da war aber noch gar nichts.., erinnert sie sich und tritt zu mir ans Fenster.
Nichts zu sehen, beende ich das Thema und gehe zum Bett. Das Bett ist völlig zerwühlt, und auf dem Kopfkissen kleben Haare. Was jetzt, als nächstes, unmittelbar..; ich kann es nicht sagen.
Unterhalten wir uns noch..?
Du, worüber du willst, solange ich hier bin..
Kurzes Schweigen.
Warum bist du eigentlich aufgestanden?
Du, ich hatte Lust dazu.
Also bist du doch nicht lustlos. Das hätt ich mir natürlich denken können.
Wieso natürlich?
Wieder kurzes Schweigen. Bis ich auf einmal wissen will, was jetzt als nächstes passiert; worauf hast du denn jetzt Lust.., sage ich plötzlich, und sie weiß es bereits.
Auf Trennung hab ich jetzt Lust. Wir gehen hinunter, ich laufe zum Bahnhof, und du läufst in die andere Richtung, und wir sehen uns nie wieder.
Und falls wir uns doch wiedersehen..?
Das ist etwas anderes. Aber ausgehen müssen wir davon, daß wir uns nicht wiedersehen, sonst ist das nämlich keine Trennung. Du, so ein Abschied für immer, das ist wirklich ein Gefühl, das mach ich jeden Tag.
Ich ziehe mir mein T-Shirt an, und wir gehen hinunter. Offensichtlich hat sie schon vorhin bezahlt, und

da fällt mir etwas ein. Du, wie ist das denn mit Geld..? frage ich, als wir vor dem Eingang stehen. Ja, du, kein Problem, sagt meine Bekanntschaft, und wir regeln unser Tauschgeschäftchen. Dann wünscht sie mir noch einen guten Tag, wendet sich ab und geht. Warte! ruf ich hinterher, aber sie marschiert weiter. Sag mir noch, wie dieses Wort heißt, an das du gedacht hast dabei! Und sie ruft es zurück, ohne sich noch einmal umzusehen.
Das ist es also.

Ich schaue diesem Menschen nach und überlege, ob ich ihn einholen soll. Ihn vielleicht darum bitten, mit mir irgendwo Kaffee zu trinken, Kuchen zu essen, am Main entlang zu bummeln, womöglich ins Kino zu gehen heute abend und später noch ins Moseleck, je nachdem, ob man Lust dazu hat oder nicht und so weiter, und mit einem Mal ist er fort. Taucht nur noch einmal ganz kurz auf, zwischen ein paar Schwarzen, die herumstehen, mit diesem gigantischen Körper, und verschwindet dann unter dem Hauptbahnhofsvorplatz.
Ich drehe mich um. Schaue, ob noch irgendetwas los ist von vorhin. Bin allein mit diesem Wort. Stehe da und sehe gerade noch, wie die junge Frau zu den Polizisten in den Wagen steigt und mit ihnen wegfährt; als habe sie damit zu tun.

Mittelpunkt des Universums

Manchmal frage ich mich, an solchen Tagen wie heute vor allem, ob meine Glanzzeit schon vorüber ist.
Ich wiege jetzt zweiundsiebzig Kilo bei einer Körpergröße von einssechsundsiebzig. Mein Oberarmumfang beträgt, ich vermesse mich zweimal pro Woche, siebenunddreißig Zentimeter zur Zeit; die Brust liegt bei einhundertsechs; der Schenkelumfang bei vierundfünfzig und der der Waden bei achtunddreißig. Es hat sich eigentlich kaum was verändert. Ein paar geringfügige Umverteilungen, die jedoch die Harmonie des Körperganzen nur in den Augen von Fachleuten stören. Und die Leute, die mich hier so sehen, wenn sie mich überhaupt sehen, auf der unruhigen Kaiserstraße, sind alles andere als Experten. Ich trage mein Hemd weit geöffnet.
Es ist Hochsommer und eine der wenigen, fast tropischen Nächte in Frankfurt. Jeder ist auf seine Weise aus dem Häuschen, besonders hier im Bahnhofsviertel. Die Männer rennen herum, angestochen, und glauben wahrscheinlich, sie könnten in so einer Nacht die Beine oder die Brust oder den Hintern ihres Lebens finden.
Im Grunde ist die Glanzzeit doch noch nicht vorbei. Jedenfalls heute noch nicht und morgen auch noch nicht.., sag ich mir im stillen. Ich rede häufig mit mir; nicht mit mir selbst, aber dennoch vernehmbar. Rede und mache mir nachher Gedanken darüber; spreche

in den meisten Fällen zu meinen Muskeln. Laufe vor mich hin, so wie im Augenblick, schiebe dabei die rechte Hand in mein Hemd, lege sie dort auf die linke Brust und lasse den Brustmuskel hüpfen.
Na.., sag ich zu ihm in meinem Kopf, noch ganz schön da, noch richtig quicklebendig.., nehme die Hand dort wieder weg, gehe mit ihr weiter zum Bizeps, über die kleinen, harten Buchten in der Schulter, spanne an und lasse ihn rollen.
Und du.. dich kann man auch noch zeigen, was..
So, in etwa, rede ich zu ihnen.

Früher ging ich hier täglich, weil es mein Heimweg war vom Training. Seit ich nicht mehr trainiere, wenigstens nicht mehr mit anderen zusammen, gehe ich nach der Arbeit hierher; es ist auch jetzt noch mein Heimweg, aber nicht mehr notwendigerweise. Abgesehen davon, daß ich gar nicht wüßte, wo ich sonst hingehen soll.
Eine Zeitlang war ich ziemlich gut beinander, hauptsächlich was die Harmonie betraf. Einmal war ich sogar Dritter, bei einem Wettbewerb in Klagenfurt. Zweiter wurde Pfitzenberger, zu Unrecht. Damals hatte ich kein Gramm zuviel. Hungern könnte ich bestimmt noch mal. Das ist nur eine Frage der Beherrschung. Zu Hause, in dem Raum, in dem ich lebe, liegen auch noch Hanteln. Vor dem Zubettgehen drück ich sie hoch. Und ich rauche erst nach dem Essen und trinke nur ab und zu. Die alte Form ist noch nicht weg. Gegen den leichten Haarausfall habe ich mir ein Mittel gekauft. Morgens und abends

tropfe ich es auf die gefährdeten Stellen. Ein etwas größeres Problem sind meine Zähne. Da ich ein Süßigkeitenmensch bin, sind sie schon reichlich angegriffen, und ich befürchte, daß sie mir eines Tages einfach abbrechen könnten, wenn ich, was immer wieder vorkommt, auf irgendetwas Hartes beiße. Deshalb beiße ich meistens sehr vorsichtig zu. Und ich achte auch darauf, daß ich mich nicht erkälte. Denn jede Erkältung wirft mich zurück.

In dem Grillstübchen in der Taunusstraße hängt ein Spiegel. Ich setze mich so, daß ich halbwegs hineinschauen kann und denke mal wieder nach über mich. Ich denke nur gelegentlich nach über mich, weil nichts Überraschendes herauskommt dabei. Ich finde mich aufgeblasen – mich selbst – und blicke durch die Fensterscheibe auf die Straße. In der Fensterscheibe kann ich meine Augen sehen, die stets ein bißchen glänzen. Ich wende mich zur Seite, dem Spiegel zu, und erbaue mich an diesem steten Glanz. Dann sehe ich rasch nach, ob alles noch da ist; lasse rollen und hüpfen und bin beruhigt für eine Weile. Blicke wieder durch das Fenster und überleg mir was zu den Passanten.

Etwas später fällt mir meine Mutter ein, die jetzt sicher schon verwest ist. Sie hat mir eigentlich alles beigebracht. Ich löse das Pflaster von meinem Daumen, da hab ich mich gestern geritzt, und weiß auf einmal, weshalb sie mir einfiel. Wenn sie beim Nägelschneiden meine Hand hielt, brachte sie mir bei: Das ist der Daumen, der schüttelt die Pflaumen.. Oder sie sagte: Meine Finger, deine Finger .. meine Hände, deine Hände.. meine Arme, deine Arme.. meine Beine, deine Beine .. mein Mund, dein Mund.. meine Augen, deine Augen und so weiter; das war auch so ein Spielchen. Ich habe nicht besonders gelitten als Kind. Es war eher ein mittelmäßiges Unglück.

In dem Haus gegenüber, im ersten Stock, wird von einer Frauenhand ein Vorhang zugezogen, dahinter findet es jetzt statt. In dieser Gegend sind die meisten Frauen in den Häusern, und man muß viele Treppen steigen, um sie alle zu sehen; Untrainierte sind wahrscheinlich kaputt, bevor es richtig losgeht. Doch es gibt auch Frauen auf der Straße, vor den Pensionen oder irgendwo im Abseits.
Ich trinke mein Bier, bis auf einen kleinen Rest, und gehe. Pirsche durch die Taunusstraße und schaue nach, was heute da ist. Vor dem Schuhmann, einem Haus für Leib und Magen, steht nur die mit der riesigen Brust. Die anderen sind wohl in Beschlag genommen; und die Hinkende kommt immer erst bei Dunkelheit. Ich kehre um, laufe bis zur Elbestraße, biege links ein und überlege, ob ich gleich ins Crazy Love soll oder vorher noch ins Eros Center nebenan, um es zu verzögern dadurch. Im Eros Center in der Elbestraße sind die schönsten Frauen. Alles ist dort übersichtlich; nichts geht auf heimlichem Wege. Ganz anders dagegen das Crazy Love. Dort gibt es entlegene, einsame Ecken und Schmutz, im hinteren

Gebäude, im obersten Stock, wo die Wände schon schräg sind und die Zimmer nur schmale Verschläge. Meistens bin ich dort oben für mich und kann ungestört schauen. Mehr nicht. Seit geraumer Zeit schon, kann man sagen, nichts anderes. Obgleich ich es mir leisten könnte; es besteht kein Mangel an Geld. Aber ich konzentriere mich ganz auf den Anblick von Schenkeln, weshalb auch immer. Ich habe zwar darüber nachgedacht, jedoch auf unhaltbare Weise – das Ergebnis stand von vornherein fest. Als ich noch einnäßte, sah ich von Zeit zu Zeit, wie man mir später zu verstehen gab, die Schenkel meiner Mutter oder wenigstens einen Schimmer davon. Doch daran kann mein Leben nicht hängen. Vermutlich durfte ich auch mal ins Bett zu ihr, mein Vater war kaum da, fast immer nur im Hintergrund, und um so größer allerdings, je weiter er weg war. Doch auch daran kann das Leben nicht hängen. Es bleibt im dunkeln, ich breche die Forschungen ab; genug erinnert, Schluß. Immer muß ich in der einen oder anderen Form zögern vor dem Crazy Love. Denn es ist ein Höhepunkt des Abends, und es gibt nur drei davon.

Ich gehe durch den vorderen Trakt, über den kleinen Hof, und trete in das Hinterhaus. Die unteren Etagen ziehe ich nicht in Betracht. Dort herrscht Gedränge; Hautkontakte sind nicht auszuschließen. Im dritten Stock wird es leerer. Am Ende des Ganges, hinter zwei Biegungen, gleich neben dem Abort, ist die entfernteste Kammer. Die wenigsten dringen vor bis hierher. Der Raum reicht gerade aus für eine Couch.

Auf der Couch liegt eine Frau, auf dem Bauch, und dämmert vor sich hin. Ich nähere mich ihr. Es gibt noch ein Waschbecken in dem Raum mit einem Spiegel und einer gefärbten Birne darüber; ein Fenster gibt es nicht. Die Frau ist schwarz, und ihre Beine sind zu dick. Sie merkt überhaupt nicht, daß ich anwesend bin. Auf dem Boden vor der Couch ein aufgeschlagenes Heftchen. In den Sprechblasen portugiesische Worte mit Ausrufezeichen dahinter. Eine Geschichte fällt mir ein mit einer Portugiesin. Nicht die ganze Geschichte, nur ein Bild; das andere hab ich vergessen. Neben dem Heftchen eine Schachtel mit Verhütungsmitteln, die könnte ich sicher entwenden; und ich drehe mich um und laufe nach oben, in die vierte Etage, unter das Dach – der Anus dieser Gegend.

Keine der Frauen dort hat Kundschaft. Die im hellen Teil des Ganges hocken vor den Türen und quatschen, wie bei sich zu Hause, in Trinidad oder sonstwo. Weiter hinten liegen sie auf den Betten oder putzen sich vor dem Spiegel. Es riecht nach Pisse und Deodorant, und ich bin der einzige Mann hier. Langsam gehe ich von Tür zu Tür und meide jegliche Berührung. Sowohl mit allem Gegenständlichen, als auch den Händen solcher Frauen, die nach mir grabschen. Man kann sich überall was holen. Am schlimmsten muß es auf dem Klo hier sein. Auf dem Deckel des Aborts wird es Milliarden von Bazillen geben, viel mehr als Menschen auf der Erde.

Ich betrete nun den anderen Teil, den abgeschiedenen, und gehe auf die letzte Tür zu. Sie ist angelehnt,

und ich gebe ihr mit dem Fuß einen Stups. Vor mir jetzt die übliche Couch, und eine Frau, die auf der Seite liegt und schläft. Ich halte meinen Atem an und inspiziere ihre Haut. Mischlinge haben meistens eine Pfirsichhaut. Die Beine sind ein bißchen schwammig, aber nicht ohne Form. Ich neige mich über den Körper der Frau und schaue ihr ins Profil. Vielleicht ist sie zwanzig, vielleicht ist sie vierzig. Die Gesichtshaut glänzt, an den Rändern ihrer Lippen haften Essensreste. Plötzlich öffnet sie das obere Auge, schielt zu mir hoch und murmelt: Dreißig..
Ich mache eine Geste des Bedauerns und verschwinde. Laufe die Treppen herunter, über den Hof zwischen den beiden Häusern, wo in einem kleinen Neubau das Büro der Zuhälter sein muß, steh dann vor der Plastiktür, die die Kälte abhält im Winter und die Hitze aufstaut im Sommer, drück sie mit dem Ellbogen beiseite, um auch hier nichts zu berühren, trete hinaus auf den Gehsteig, vor das Crazy Love, Elbestraße fünfundvierzig, und mein erster Höhepunkt ist überschritten.

Ich stromere bis zur Ecke und danach durch die Niddastraße, gehe in die Hamburgerbude auf der Fahrbahninsel, bestelle einen Hamburger und lese ein paar Seiten in dem Taschenbuch, das ich meistens dabei hab, über den guten J. B. Mein Beruf als Bibliotheksangestellter bringt mich mit vielen Büchern zusammen. Doch ich lese eigentlich wenig und dann auch nur die kurzen Sachen. Längere Sachen werden ja ohnehin kaum noch geschrieben, kein Wunder. Ich wüßte auch kein großes Thema und möchte kein Schriftsteller sein. Es gibt doch nur zwei große Themen: Liebe und Krieg – finde ich. Der Hamburger kommt. Ich beiße hinein, unbesehen, was bei einem Hamburger gefahrlos ist, und erwische eine steinharte Stelle. Es gibt ein grauenerregendes Geräusch im Mund, und ich spüre etwas kleines Rundes auf der Zunge, schlimmstenfalls ein Stückchen Zahn, zumindest aber eine Plombe. In jedem Fall ein Verlust. Ich hole es hervor und schaue es mir an. Es ist eine Plombe, und das scheint mir nun doch erheblicher zu sein als ein herausgebrochenes Stück Zahn. Denn eine Plombe schließt immerhin ein Loch. Ein Stückchen Zahn hingegen bedeutet in der Regel nur den Bruchteil des Gesamtzahns, dessen Substanz noch gar nicht angegriffen ist; jedenfalls nicht unbedingt. Ich lasse den gefahrvollen Hamburger liegen, werfe noch einen Blick in die Scheibe, auf meinen linken Oberarm, ich bin Linkshänder, spanne kurz an und sehe dann zu, daß ich wegkomme – meinem zweiten Höhepunkt entgegen.

Ecke Moselstraße/Taunusstraße drehe ich den Kopf in Richtung Hauptbahnhof, nach rechts, und jetzt steht sie vor dem Schuhmann. Wenn sie steht, merkt natürlich keiner, daß sie hinkt. Dann wissen es nur ich und vielleicht noch ein paar andere Spezialisten. Wie immer trägt sie weite Hosen, um ihren Schaden zu verbergen; sie ist die einzige in dieser Gegend, deren Schenkel ich nicht kenne. Meistens steht sie hier bis eins. Ich habe also Zeit und verzögere wieder ein bißchen. Laufe vor zur Kaiserstraße, hol mir bei

McDonald einen Erdbeermilchshake, laufe zurück, ständig mit der Zungenspitze in der frischen Lücke, und stelle mich so, daß ich sie nicht aus den Augen verliere.
Nun erst schiebe ich den Strohhalm durch die Sollbruchstelle in dem Becherdeckel und fange an zu saugen. Sauge, schmecke, sauge noch einmal – und bin bitter enttäuscht; irgendetwas ist nicht ganz so wie gewöhnlich, nicht ganz so süß, unbegreiflich bei McDonald, und Wut kündigt sich an. Wut, und dann ein Gefühl der Bedrückung, das mich beherrscht, mich überwältigt und die Wut verdreht.
Eben bleibt ein Freier bei ihr stehen. Soll er ruhig mit ihr nach oben. Wenn sie gerade was verdient hat, ist sie vielleicht besser gelaunt nachher.., denke ich mir und werf den Becher in den Abfall. Doch der Freier zieht weiter, und ich mache mich langsam heran. Sehe gerade noch, wie ein Wrack den Becher wieder aus dem Korb fischt und anfängt, das Verschleuderte zu sich zu nehmen – und bin dann schon woanders, beinahe bei ihr.

Wenigstens einmal pro Woche sehe ich die Hinkende, verfolge ihren Gang und mache mir dazu Gedanken, das ist die kleine Form des zweiten Höhepunktes; oder rede sie, von Zeit zu Zeit, sogar an, so, als sei es stets das erste Mal, und sie behandelt mich entsprechend, das ist die große Form des zweiten Höhepunktes.
Sie hat mich schon entdeckt, tut, als ob nichts sei, und ich bin fest entschlossen: Heute rede ich sie wieder

an, nach vierzehn Tagen Pause. Ich trete vor sie und frage: Was solls denn kosten..? und sie sagt wie schon hundertmal: Dreißig plus zwanzig fürs Zimmer.. Mit Anfassen..? will ich noch wissen, und sie nickt und wirbt dabei für sich: So richtig nett, wir haben Zeit..

Kurzes Schweigen. Ich schaue ihr auf die Hose und will sagen: Gut, ich überlegs mir.., sage aber ganz was anderes – und folge ihr hinauf.

Das Zimmer ist korrekt. Ein vollständiges Pensionszimmer mit zwei Betten, einer Waschgelegenheit mit Spiegel, Nachttischchen und Kleiderschrank. Ich gebe ihr fünfzig Mark und geh dann zu der Nachttischlampe, um sie aufzurichten. Um mehr Licht zu haben, um besser sehen zu können; um mehr zu haben für mein Geld. Dabei fällt die Lampe zu Boden und erlischt. Selbstverständlich glaubt sie jetzt, ich wollte sie erschlagen, und ich sage daher: Das war ein Zufall, ich will dir nichts tun.., hebe die Lampe auf und drücke das Knöpfchen, aber nichts passiert; die Birne ist kaputt gegangen. Das mußt du ersetzen.., höre ich sie aus dem Dunkeln, während ich nach einem Schalter taste für das Deckenlicht. Es ist stockfinster, denn das Zimmer führt nach hinten raus, und ich stelle mir vor, daß sie vielleicht mich erschlagen könnte, nur um mir zuvorzukommen.

Nach einem langen, entsetzlichen Zeitraum fühle ich den Schalter und tippe ihn an. Das Deckenlicht ist so grausam wie die Dunkelheit. Ich drehe mich um – und sehe, daß sie nackt ist, nahezu, bis auf ihre schwarzen Strümpfe. Sie liegt auf dem Bett und hat das eine Bein fest angezogen, das Hinkebein, und jetzt weiß ich endlich, wie es aussieht: Das Bein ist dünn wie ein Arm. Ich gehe zum Waschbecken, wasche mir die Hände und rolle dabei. Der linke Bizeps ist ein bißchen ausgeprägter als der rechte.

Und jetzt..? fragt sie von rückwärts. Soviel Zeit hab ich auch nicht..

Ich spanne die Brust, doch auf der linken Seite tut sich nichts, bloß ein minimales Zucken, und ich knöpfe mir das Hemd auf und schau nach. Zwischen Schulter und Warze eher eine leichte Senke als das Gegenteil davon. Ich gehe ganz nah an den Spiegel heran, so daß die Nase vorne fast berührt, reiße den Mund auf, suche die Lücke.

In cines meiner Brillengläser fällt ein Haar. Ich nehm sie ab und blase es weg. Nun kommt es schon vor, daß ohne jedes Zutun von außen, wie Waschen oder Frisieren, sich plötzlich ein Haar löst und ausfällt.

Also was is.. Willst du jetzt was..?

Ich drehe mich kurz um und schaue ein Stückchen daneben. Für wie lang hat man dich für fünfzig Mark.. ich meine, wie lange kann man bestehen auf deiner Anwesenheit..?

Normalerweise.. eine Viertelstunde.

Und wie lang bin ich jetzt hier.. ich meine wir..?

Sie guckt auf die Uhr.

Mindestens zehn Minuten.

Gut.., sage ich und sehe wieder in den Spiegel. Dann habe ich noch fünf Minuten Zeit.

Aber sie löchert mich weiter, gibt keine Ruhe. Was

willst du.., höre ich sie hinter mir. Wenn du magst, kann ich dich.. Gar nichts, unterbreche ich sie. Dann bist du also nur mit hoch, um dir die Finger hier zu waschen..
Und ich sage ja, und sie verläßt das Bett. Zieht sich kopfschüttelnd an, und ihr Bein erscheint im Spiegel; gestreckt wirkt es noch dünner. Schließlich raucht sie eine, und ich rolle unauffällig, nach wie vor getarnt durch Händewaschen. Und dazu schweigen wir beide, bis sie anfängt zu drängen. Ich komm ja auch wieder.., lüg ich sie an; denn fest steht, daß die Hinkende gestorben ist für mich. Wir gehen noch zusammen runter, und ich fixiere sie zum Abschied. Machs gut, sag ich, und sie zu mir: Du auch. Danach verschwinde ich in Richtung Main. Denke an das eine und das andere und zerstreue mich auf diese Weise.

Ich unterbreche meinen Weg im Moseleck, trinke schnell ein Bier, gehe schnell aufs Klosett, piß mich aus und blicke dann schon wieder in den Spiegel, in meinen Mund. Doch das Licht ist zu trübe, und ich finde auch hier nichts. Gehe zurück an die Theke und bestelle einen Klaren, in der Hoffnung auf Desinfektion. Denn so ein Loch kann sich entzünden, und ich male es mir aus: wie es nach innenhin wächst und dort im Kopf womöglich meine linke, eigentlich stärkere Seite irgendwie angreift und schwächt. Aber vielleicht hilft ja der Klare, und ich leere das Glas. Behalte ihn eine Weile im Mund, zahle unterdessen und laufe dann weiter nach Hause. Überlege, ob ich noch ein bißchen lesen soll, auf einer Bank mit meiner kleinen Taschenlampe, und lasse den Gedanken wieder fallen. Ich lese eigentlich kaum noch – was heißt eigentlich – ich verachte Bücher sogar; oft stelle ich mir tagsüber vor, die Bibliothek stände in Flammen oder eine Überschwemmung schwemmte alles davon. Ich mag auch die Leute nicht, die ich bedienen muß, am wenigsten die jüngeren. Die benehmen sich manchmal so, als sei es für sie lebenswichtig, das eine oder andere Buch zu kriegen. Diese Wichtigtuer hasse ich richtig; ich könnte ihnen sämtliche Finger abschneiden.

Es ist immer noch fast tropisch schwül, sogar hier unten, im Nizza am Main, und wie üblich schleichen Männer durch den Park. Geile Ruinen, die sich irgendwo erleichtern wollen. Die meisten tun es unter dem Bette Davis Baum. Der Bette Davis Baum ist ein Naturereignis. Seine Zweige hängen alle bis zur Erde, wie die Zottelhaare einer mächtigen Greisin, die noch voller Wollust steckt, und deshalb nenne ich ihn so. Mich begeistert dieser Baum, und hin und wieder spioniere ich, ziemlich aufgeregt, beide Hände in den Taschen. In der Regel stehen die Männer nebeneinander, und einer versorgt den anderen. Es kommt auch vor, daß einer vor dem anderen kniet. Gesprochen wird dabei selten, und alles geht immer sehr zügig. Ich trete etwas näher und spähe durch die Äste. Doch da steht nur einer heute. Er hat wohl was gehört und dreht sich um. Aus seiner Hose ragt ein unglaubliches Ding. Er schaut mich an

und macht eine Bewegung. Ich schaue weg und eile davon, nehme die Hände aus den Taschen, und irgend etwas fällt zu Boden. Aber ich bleibe nicht stehen, sehe nicht nach. Bloß nicht noch ein Mißverständnis; früher ließ man Taschentücher fallen.
Ob es etwas Wertvolles war..
Dem Geräusch nach Geld. Meine Papiere hab ich außerdem woanders; am schlimmsten muß es sein, den Ausweis zu verlieren. In meinen Hosentaschen ist meistens nur Kleingeld. Ich greife hinein, hole es raus. Zehner, Fünfziger, ein Zweimarkstück, aber der Fünfer fehlt. Oder ist der bei McDonald.. Ich weiß es nicht. Eine Mark wäre ja keine Tragödie, aber ein Fünfer..; das wären dann mit dem Hamburger, dem Milchshake und der Hinkenden schon über sechzig Mark an einem gewöhnlichen Abend.
Wieder dieses Gefühl der Bedrückung. Praktisch das einzige Gefühl, das ich kenne, abgesehen vom Zeitgefühl, sofern das auch dazu gehört; es müßte jetzt dreiundzwanzig Uhr zwanzig sein, allenfalls dreiundzwanzig Uhr zweiundzwanzig. Jedenfalls dieses Gefühl von leichter Bedrückung, das sich nicht weiter illustrieren läßt. Denken kann ich mir natürlich viel dazu. Und das tue ich auch, denn selbst geringes Leiden will bedacht sein.
Den Mann habe ich abgeschüttelt. Ich laufe bis zur Untermainbrücke, biege dann nach links und gehe auf die Hochhäuser zu, bis zur Grefflingerstraße zwei, schließe auf und fahre mit dem Fahrstuhl weit nach oben, alleine Gott sei Dank. Über den langen

Flur geh ich auf Zehenspitzen. Nur keine Begegnungen! Behutsam wie ein Einbrecher mache ich meine Wohnungstür auf, schlüpfe hinein, sperr hinter mir zu und schiebe die Riegel davor. Ich lege ab und trete in den Raum, den ich bewohne, das alte Zimmer meiner Mutter, sie ist jetzt sicher schon verwest, das habe ich bereits gesagt, knipse die Lampe an auf dem Kästchen neben ihrem Bett und setze mich kurz vor den Schminktisch. Der hat einen großen Spiegel in der Mitte und links und rechts je einen Seitenspiegel; wenn man die beiden richtig einstellt, kann man sich unendlich oft sehen. Doch das hat noch Zeit. Ich stehe auf und fange an, mich auszuziehen. Die Kleider lege ich über den Lehnstuhl, in welchem, wie es hieß, mein Vater und der Vater meines Vaters nach der Arbeit zur Entspannung saßen. Anschließend werf ich noch einen Blick aufs Klo und in die Küche und in den Einbauschrank, überall dorthin, wo jemand sich verbergen könnte, bevor ich mich verziehe.
Wieder in meinem Wohnraum, schließe ich auch hier die Tür zu, um es Eindringlingen schwerer zu machen, und beginn dann mit den Vorbereitungen zum dritten Höhepunkt.

Zunächst erledige ich Pflichten. Ich hol mir die Hanteln, die unter dem Bett sind, stell mich vor den Schminktisch, nehme eine Art Grundstellung ein und hebe sie dann abwechselnd an, bis vor die Brust, dreißigmal. Danach eine Pause. Ich laufe hin und her und streiche über Gegenstände, die eigentlich nicht mir gehören, nur im rechtlichen Sinn. Obwohl ich diese Sachen nicht benütze, rieche ich gerne an ihnen, was ich mir aber auch einbilden kann. Meistens stehen sie mir im Weg, und ich spiel mit dem Gedanken, alles einfach rauszuschmeißen. Ich habe kein Gefühl für Eigentum, außer für Geld; Bargeld kann ich besitzen. Ein Mangel an Eigentümlichkeit. Ein komischer, eigentümlicher Mangel, über den ich schon häufig nachgedacht habe, doch es gibt keine Erklärung; es gibt nur lauter Vorgeschichten.

Diese Gegenstände hier haben alle eine Vorgeschichte. Ich hätte auch eine Vorgeschichte, sagte meine Mutter eines Tages, und als sie schließlich bei deren Ausgangspunkt angelangt war, einem gewissen Spielmann aus Tigerfeld auf der Schwäbischen Alb, da gab es auch dazu wieder eine Geschichte und so weiter. Damals saß meine Mutter an diesem Tisch und schminkte sich die Augen, das war auch im Sommer. Ich saß auf ihrem Bett und sah ihr zu. Und wenn ich es jetzt, im nachhinein, in meinem Hirn wiederhole, kam ich mir etwas verloren vor, in dieser Mittagsstunde, als Zeuge auf dem großen Bett, mit diesen vielen Vorgeschichten. Ich blickte auf den leeren Lehnstuhl und wünschte mir, die Ferien wären schon zu Ende, und sagte mir plötzlich im stillen ein Gedicht auf. Ein langes, schweres Gedicht, von dem unser Lehrer meinte, es sei das schönste, das er kenne, und das ich damals, an diesem Mittag, auf dem Bettrand, während meine Mutter sich noch immer schminkte, zum ersten Mal, ohne daß es jemand hörte, ganz und gar, fehlerfrei, vor mich hindenken konnte.

Ich beginne mit der zweiten Übung. Nehme eine breite Hantel und drücke sie hinter dem Kopf, zwanzigmal mit jedem Arm, das ist für den Trizeps. Dann mach ich eine Pose zur Kontrolle, gehe unterdessen an den Spiegel ran, reiße wieder meinen Mund auf und suche noch einmal das Loch.
Wahrscheinlich muß ich dringend zum Zahnarzt, das heißt in einen anderen Stadtteil fahren. Ich fahre nur selten in die anderen Teile der Stadt. Zuletzt vor ein paar Wochen, da war ich in Bornheim, im Günthersburgpark. Dort wurden Lieder gesungen, und hunderte von jungen Leuten lagen einfach auf dem Rasen. Ich stieg über einige weg, um zu sehen, wer singt. Das waren drei Frauen, die ich nicht kannte. Und ich ging zurück an den Rand und stellte mich eine Zeitlang daneben. Und schließlich fuhr ich nach Hause.
Die dritte Übung ist für die Schultern. In beiden Händen ein Gewicht, das ich mit ausgestreckten Armen nach oben bewege, fünfzehnmal. Danach lege ich die Hanteln wieder weg und verschnaufe. Öffne das Fenster einen Spalt, gerade soviel, daß Luft herein kann, und leere meine Taschen. Versuche festzustellen, was ich vorhin verloren habe, doch bekomme keinen Überblick. Bin mir nicht sicher, ob ich den Fünfer schon gewechselt habe bei McDonald und mir womöglich nur ein Zweimarkstück entfallen ist. Und dieser Mangel an Gewißheit über das wahre

Ausmaß des Verlustes beschäftigt mich über alles; ich vermag nichts weiter festzustellen, gebe es auf und kämme mich zur Abwechslung.
Früher war ich stolz auf die Geheimratsecken. Heute hab ich Angst davor, sie könnten mehr und mehr zusammenrücken an den Enden und die verbliebenen Haare über der Stirn gänzlich isolieren. Das wäre das Furchtbarste, was mir passieren kann, in dieser Hinsicht. Ich ziehe den Scheitel und will mich erinnern, an die Haare meines Vaters, an das, was ich weiß über sie. Irgendwo ist noch ein Hut von ihm. Seine Lieblingskopfbedeckung, wie ich später erfuhr. Vermutlich liegt er in dem Einbauschrank. Er existiert in jedem Fall. Und sicher gibt es Spuren in dem Hut; Hinweise auf die Art seiner Haare.
Ich frisiere mich so, daß wenigstens die eine Bucht verdeckt ist, die auf der scheitellosen Seite, und zähle den Ausfall, der auf der Schminktischplatte liegt. Sechzehn Haare, darunter zwei graue. Ich suche nach den Stellen, an denen sie saßen. Bis ich merke, wie seltsam das ist. Und ich puste die Haare davon, gehe in den Liegestütz und beginne mit der letzten Übung.
Nach fünfzig Wiederholungen sind die Pflichten getan. Ich stehe auf und trockne mir den Schweiß ab. Setze mich dann an den Schminktisch, wo ich immer sitze vor dem dritten Höhepunkt und blicke mir entgegen. Beuge mich nach vorne und richte so die Seitenspiegel, daß der Unendlichkeitseffekt entsteht: Unentwegt mein Profil, links und rechts in den Spiegelschächten, ohne Ende; und der Ausgangs-

punkt ist hier, bin ich sozusagen. Ich fasse mir an den Kopf und sehe in den Tiefen des Spiegels noch haargenau dasselbe. Denk mir nun zwei Linien, welche, durch die Zentren beider Seitenspiegel, aus der Unendlichkeit des Raumes kämen und sich exakt in der Mitte meines Schädels überschneiden müßten.
Jeden Abend, wenn ich hier sitze, hänge ich dieser Vorstellung nach, bilde ich mir diese absolute Ortung ein. Danach lehn ich mich zurück und versuche, mich im ganzen zu betrachten. Unternehme noch einen Anlauf und sage halblaut: Komm jetzt Brust, zeig dich mal.. Sonst mache ich dich fix und fertig..
Doch nichts geschieht, nicht einmal auf der starken Seite; und ich erwäge, ob ich Maß nehmen soll, denn eigentlich ist heute der Tag. Aber dann laß ich es sein, verschiebe es auf morgen und sehe mir schnell in die Augen. Sie glänzen, wie immer, und dieser Glanz ermutigt mich. Ohne diesen leichten Schimmer hätte ich vielleicht schon aufgegeben, würde ich gar nicht mehr trainieren, womöglich nicht mal mehr mich anschauen. So aber läuft es weiter, und ich kann unbeschwert zum Tagesabschluß kommen.

Aufrecht sitzend, mit geöffneten Beinen, reize ich mich selbst, so gut es geht, und gebe mir inneren Zuspruch dabei. Lege mir ein Bild zurecht in meinem Hirn, zu welchem ein Name gehört, den ich, nur zu diesem Zweck, aus der Versenkung hole, wo er gehütet wird; entfiele er mir, wär ich verloren, aber das Gegenteil ist genauso gut denkbar. Dann lasse ich

beides, Name und Bild, allmählich deckungsgleich werden, bis zur völligen Verschmelzung, und ergieße mich, mit Wirkung dieser Kongruenz, auf die gläserne Platte des Schminktisches.
Ich schließe die Augen, warte auf nichts mehr, bin in einem kurzen, seltenen Taumel; denn häufig verläßt mich die Einbildungskraft, Zehntelsekunden davor, und es kommt zu keiner Deckung mehr: Der Name setzt sich durch und verhindert die Lust durch Bedeutung. Doch diesmal hab ich es geschafft. Öffne nun wieder die Augen, sehe es mir an, und zum ersten Mal erschreckt mich die Menge. Eine nach allen Seiten hin ausufernde Pfütze schimmert, ähnlich wie meine Pupillen, auf dem Glas, für nichts; verplempert. Natürlich weiß ich ganz genau, daß es sich wieder bilden wird, wie auch die Haare wieder wachsen, aber eben niemals alle; ich weiß, daß nichts auf dieser Platte schwimmt, was nicht nach und nach ersetzbar wäre, doch kann es einfach nicht zu Ende denken. Verliere irgendwann den Faden, habe nichts mehr in der Hand, und erlebe plötzlich ein Gefühl des Stürzens, mit aller Wahrscheinlichkeit dieses Unfallgefühl; zu stürzen, ich kann es nicht anders beschreiben, bin wohl nicht mehr in der Lage, mich zu fangen durch einen weiteren Gedankengang, kann nur wiederholen: Das Gefühl zu stürzen, aller Wahrscheinlichkeit nach diese neue Sensation.
Was jetzt, als nächstes..
Ich versuche mich nun krampfhaft zu besinnen, an vorangegangene Dinge, die Vorgeschichte dieser – und da taucht ein etwas anderes Wort auf, ein

Hauptwort, Gott sei Dank – Bestürzung.. an die Vorgeschichte dieser Bestürzung, als ich noch alles zu denken vermochte, was mir widerfuhr, und zu umschreiben imstande war, kann nur wiederholen: zu umschreiben, da es augenblicklich nicht mehr geht, bis auf diese Bemerkung: Ich kann mir nur zusehen bei dem, was ich tue, was gegenwärtig geschieht, und werde alles nachtragen müssen.

Ich habe es wieder zu mir genommen. Es mit Hilfe eines halbsteifen Fotos, welches mich und meine Mutter zeigt, aufgelesen, mit dem kleinen Finger zusammengeschoben, es abgeleckt und verschluckt. Ich dachte dabei unentwegt an dieses Wrack, das meinen Milchshake aus dem Abfall holte, und das Gefühl von Bestürzung verschob sich; ich fühlte mich endlich wieder erfüllt, von Ekel zunächst, und etwas später dann auch von Erinnerungsempfindungen. Säuberte mir den Mund, erhob mich und begann zu posen, was ich jetzt immer noch mache.
Ich schaue mich an, diesen unglaublichen Körper mit seinen sagenhaften Einzelheiten, und weiß inzwischen mit Bestimmtheit: Jene Angst, die alles begleitet, stammt überhaupt nicht von mir.

Notwende

Ich trete zu einem jungen Mann an den Tisch und frage ihn, ob hier noch frei sei. Selbstverständlich, sagt er, mit einer leisen, auf der Grenze zum Verstellten balancierenden Stimme; nichts ungewöhnliches im Elch. Der junge Mann rückt etwas beiseite, ändert seine Sitzhaltung und liest dann weiter in einem Buch – was ich noch nie hier erlebt hab.
An dem Tag, als ich meine Stelle aufgab, vorigen Monat, kam ich zum ersten Mal in dieses Lokal; als Arbeitsloser, genaugenommen. Seitdem war ich zweimal hier, nicht aus bestimmter Leidenschaft, sondern um zu lachen. Frauendarstellung reißt mich nicht hin, und das Getue eines halben Mannes stößt mich sogar ab. Überhaupt empfinde ich mit Außenseitern keine Sympathie. Ihre Verschiedenartigkeit begeistert mich weder, noch löst sie Mitleid bei mir aus. Entweder ist jeder ein Außenseiter oder niemand; ich wüßte nicht zu sagen, wo ich stehe, wäre aber zufrieden mit der Bezeichnung Kleinbürgerfreak – durchschnittlich abseits, anspruchslos. Und so sind mir die professionellen Randerscheinungen am unangenehmsten, bis auf einige Ausnahmen, wie gesagt, die mich zum Lachen zwingen.
Die offenliegende Gefühlswelt dieser verkleideten Leute hier bringt mich, an jeder anderen Stimmung vorbei, in einer Weise zum Lachen, die sich sonst nirgendwo einstellt bei mir. Ein unaufhaltsames, aus dem Bauch kommendes Lachen, dessen Druckwel-

len Rotz und Tränen hervortreiben. Ein ausschüttendes Lachen, das mich, vorübergehend, von allem Überschüssigen befreit; Entschlackung aus den Öffnungen des Kopfes, die sich an niemanden wendet – mehr verlange ich nicht. Mein Interesse für das Leben dieser Menschen hier, ich glaube, es ist klein, und um so stärker überrascht es mich jetzt, wie ich den jungen Mann neben mir anschau.
Er könnte, entgegen aller Erwartung, tatsächlich eine, wenn auch ausgefallene Frau sein. Sitzt vornübergebeugt da und liest in seinem Buch, wobei die Augen dem Textverlauf folgen, als folgten sie einem Spielfilm. Einer Abenteuerhandlung, obwohl es ein schwieriger Text ist, wie das Schriftbild zeigt. Vermutlich ein experimentelles Hörspiel oder Theaterstück.
Ungeniert schaue ich hin und lasse seine Züge auf mich wirken, bis mir ein Einfall das Blickfeld zerschneidet: Ich hab noch nie mit einem Mann geschlafen.. Männer ziehen mich nur im ganzen an; ihre männlichen Details vertreiben mich. Bei Frauen dagegen ist es umgekehrt: ohne die Stückelung ihrer Körper in meiner Betrachtung nähme ich sie gar nicht wahr. Und so begehrenswert eine weibliche Einzelheit sein kann, so heftig kann mich der Gesamteindruck, der von einem Mann ausgeht, befallen.
Eben unterstreicht er ein paar Worte und lehnt sich dann zurück, als ob er genießt. Als lasse er sich das Gelesene, so kommt es mir vor, wie eine gute Speise, nur nicht auf der Zunge, sondern auf seinem Vorstellungsvermögen, dem Sprachgewebe langsam zerge-

hen. In meinem Hirn entsteht ein Gedanke und drückt.
Ein guter Theatertext, überlege ich mir, sollte eigentlich nicht lesbar sein, sondern darf sich nur herstellen, wenn man ihn hört..
Der junge Mann schließt die Augen für einen Moment und nickt dann mehrere Male.
Und Bühnenbilder sind im Grunde überflüssig.., füge ich hinzu. Jetzt sieht er mich an. Immer noch mit diesem Leseblick, als sei ich die Fortsetzung des Textes, den er vor sich hatte bis eben. Manche Bühnenbilder, sagt er langsam, setzen die Sprache auch
Die Bedienung unterbricht. Ich bestelle ein Bier und überschlage mich, frage ihn, ob er auch etwas möchte, und konzentriere mich danach auf meinen Mund. Das unwillkürliche Sprechen ist eine Art Krankheit, unter der ich leide seit einiger Zeit. Kein großes, unerträgliches Leiden, eher ein Ertragenmüssen, das mich zu Gegenmaßnahmen veranlaßt. Eine gewisse Einschränkung, die auch ihre Vorteile hat, denn ich lege mir damit, sprechenderweise, alles zurecht; schon seit langem hat mich nichts mehr handfest enttäuscht. Schade nur, daß ich nicht imstande bin aufzuschreiben, was ich vor mich hinsag..
Bitte?
Der junge Mann sieht wieder rüber und zieht die Augenbrauen hoch. Als hätte ich etwas geäußert und er nicht Gewißheit, ob es ihm gilt oder nicht.
Wollen Sie auch was essen? frage ich. Und er

lehnt höflich ab, und ich verfolge den Gedanken weiter.
Eine Verschwendung dieses ziellose Reden, sowohl an Einfällen wie auch an Zeit. Ein Luxus, den mir unter anderem meine Ersparnisse aus der Zeit als Bibliotheksangestellter gestatten – dessen Ende absehbar ist. Wie es dann weitergeht, weiß ich noch nicht. Eine Rückkehr ins Berufsleben scheidet aus. Das Vormichhinsprechen, vor allem tagsüber, ist zu einer ähnlichen Notwendigkeit geworden wie das immer wiederkehrende kurze Zumachen der Augen; sie über längere Zeit ununterbrochen offen zu halten, entspricht bei mir den Qualen, die das Geschlossenhalten des Mundes hervorruft. An Menschen fixierte Berufe kommen also nicht mehr in Frage. Und so ist es, trotz meiner Aufschreibschwäche, dieser geringen Fähigkeit, nachtragend zu sein, immer noch das Naheliegendste, an eine Schriftstellerlaufbahn zu denken, und ich denke auch daran, von früh bis spät.. Ja wirklich, von früh bis spät..
Bitte? Der junge Mann hat das Buch zugeklappt und seine Hände mit gespreizten Fingern aneinandergedrückt.
Jedes Theaterstück, greife ich den alten Faden wieder auf, muß auch als Hörspiel möglich sein..
Das ist richtig, sagt er und lacht einen Moment lang. Ohne Ton, nur mit seinem Gesicht, und sieht, in diesem langen Augenblick, auf einmal greisenhaft aus; das ehedem Glatte von Furchen zerstört, auf die es zuvor keine Hinweise gab. Auf der kleinen Bühne werden Vorbereitungen getroffen.

Eine Zeitlang schaue ich nach vorne. Dann schaue ich nur noch, wie er hinschaut, mit Augen, die nicht sehen, sondern fressen. Mit einem Blick, den ich niemals erwidern könnte. Der den Eindruck einer eingefleischten Angst vor der eigenen Gier bei mir weckt: Auf diese Weise versehentlich etwas Giftiges zu sich zu nehmen, das sich, anders als beim Schlingen durch den Mund, später nicht mehr auskotzen läßt.

Die Vergeßlichkeit, liegt mir auf der Zunge, die Vergeßlichkeit.. ist leider nicht so zuverlässig wie der Brechreiz..

Das stimmt, das kann man sagen.. Und er sieht mich, seine Worte mit den Händen unterstreichend, wieder an. Sieht mir genau auf den Mund, als ob die Sätze dort sichtbar herausrinnen würden. Ich spüre, daß ich rot geworden bin. Wieso? frage ich ihn, den Harmlosen spielend. Was, bitte, stimmt?

Es stimmt, bestätigt er mit Nachdruck und klingt nun etwas tiefer, aber dafür forciert, daß die Vergeßlichkeit, beispielsweise nach einem entsetzlichen Anblick, im allgemeinen nicht so zuverlässig ist, wie das sich Übergebenkönnen nach einem verdorbenen Essen.. Und während ich noch überlege, ob und wie ich mich erklären soll, werden Gott sei Dank die Getränke gebracht.

Am liebsten würde ich aufstehen und gehen. Andererseits ist seine Gegenwart schon zu einer kleinen Gewohnheit geworden. Vielleicht ginge er auch einfach mit.

Es geht jetzt gleich los, stelle ich fest und zeige in die Richtung, in die er ohnehin schaut.
Ich weiß, sagt er leise und setzt mich wieder außer Stand mit diesem tonlosen Lachen; ich kann nichts tun. In seinem Gesicht tritt etwas zum Vorschein, das mich an ein Verfallsdatum auf einer Verpackung erinnert; vielleicht auch nur an einen solchen Vergleich denken läßt.
Ich werde jetzt gehen, entscheidet er plötzlich, mir einen fast gleichlautenden Satz aus dem Munde nehmend, und fügt hinzu: Kommst du mit?
Nun ist alles schrecklich einfach geworden, und ich frage ihn sofort: Warum..? Es geht doch gerade erst los..
Ich war hier schon oft.. Er steckt das Buch in die Hose und leert sein Glas.
Und warum gehst du dann überhaupt noch hier her? Nur um zu lesen?
Er sieht mich an und wartet ab, und einen Augenblick später lenke ich ein. Das geht wahrscheinlich ganz gut hier drin.. Stehe dann ruckartig auf, so daß mein Stuhl umfällt, errege Aufsehen, lege Geld auf den Tisch, stelle den Stuhl wieder hin und sage: Also dann gehen wir.. und gehe voraus. Durch das Lokal bis zur Tür, öffne sie, trete ins Freie und halte sie offen, ohne mich umzusehen. Auf diese zwingende Art des Türaufhaltens, welche den Nachkommenden nicht nur zur Eile anhält, sondern überhaupt in eine Lage versetzt, in der er sich mit einem Mal als Anschlußsuchender wiederfindet. Dazu kommt noch, daß meine Begleitung ihren Kopf ein Stück-

chen einziehen muß, um nicht an meinen Arm zu stoßen, jetzt; und noch im selben Moment, kaum, daß er auf gleicher Höhe ist mit mir, lasse ich los. Meine Hand streift seine Schulter, er trägt nur ein Hemd, es ist Mitte September, seine Haut ist wärmer als die Luft. Da.., lenke ich ihn ab, zeige mit der anderen Hand auf das leerstehende Hochhaus hundert Meter weiter links, würde ich gerne ganz allein wohnen, im obersten Stock.
Und wie willst du da raufkommen?
So eine Idee von mir.. ein leeres Hochhaus zu besetzen.. verstehst du.. Und während wir über die Mainzer Landstraße gehen, ärgert mich meine Redseligkeit. Daß wir uns getroffen haben, sage ich im Autolärm, hat etwas Unglaubwürdiges für mich.. diese ganzen Übereinstimmungen oder..

In der Elbestraße, kurz hinter der Metzgerei an der Ecke, bin ich wieder neben ihm. Die Distanz war nie größer gewesen als einige Schritte, hätte sich aber nur durch ein offensichtliches Nachlaufen rascher überbrücken lassen.
Kennst du die Wandmalereien in dieser Gegend? frage ich ihn. Sie sind hier überall. In den Gängen, den Treppenhäusern, den Höfen.. Die Fresken von Frankfurt.. Und ich führe ihn zum Crazy Love. Oder wolltest du woanders hin? Ich wollte nur mal ins Piccolo schauen, das hat aber Zeit. Wir gehen durch das erste Gebäude und dann durch eine Plastiktür in den Zwischenhof. Siehst du, sage ich, hier überall.. und deute auf die Malereien an den Wänden: Paa-

rungsszenen, doch auch einzelne Frauengestalten, von vorne, von hinten, sich bückend, sich spreizend und in jedem Fall beschädigt an den äußeren Geschlechtsmerkmalen. In den Stein getriebene Löcher, tiefe Kratzer, breite Ausschabungen; an den zugänglichsten Stellen derartig zertrümmert, daß im Ansatz dort schon etwas Neues in Erscheinung tritt: in einer Art Keilschrift festgehaltene Gefühle, kann man sagen .. Das sind doch Hieroglyphen für Gefühle oder..? Meine Begleitung ist weitergegangen. Neben dem Eingang zum nächsten Gebäude, vor dem es gelegentlich zu Stauungen kommt, sind die Aufenthalte vor den Malereien etwas länger, zwangsläufig; hier wurden die Darstellungen nicht einfach vernichtet, sondern in Frage kommende Teile mit umgangssprachlichen Bezeichnungen versehen.

Vorbei an Vertretern mehrerer Rassen schlängeln wir uns zurück auf die Straße. Dort drüben steht ja ein Rolls Royce, sagt meine Begleitung, geht sich den Wagen betrachten und folgt mir dann langsam, von Auto zu Auto, bis er das Piccolo sieht und drauflosläuft.

Das Piccolo ist eine Kneipe in der Weserstraße, die ich immer umgangen habe, weil sie mir unheimlich war.

Und du warst da schon öfter?

Einmal nur.

Ich gehe hinter ihm her, quetsche mich an der Theke vorbei, an einem betrunkenen Neger, der mir ins Ohr röhrt, und komme in einen schmalen Raum, der nach hinten hin immer schmaler wird; am Ende bildet die Toilettentür die Rückwand des Lokals. Warte, rufe ich ihm nach, doch er ist schon in dem Hinterteil verschwunden – und ich schaue mich vorsichtig um. Die meisten Tische sind unbesetzt. An einem sitzt ein Mann in einem hellen Anzug und braunen Sandalen und tuschelt mit zwei dünnen Frauen, einen Schlüsselbund zwischen den Fingern. Ihm gegenüber noch ein zweiter Mann mit einer Brille, die die Augen stark vergrößert, und glatt zurückgekämmten Haaren. Im Vergleich zu dem ersten wirkt er dumm und heruntergekommen; der andere hat senkrechte Falten auf der Stirn und saubere Hände mit langen, hellen Nägeln. Er benutzt sie gerade, um den Schlüsselring zu öffnen, und holt jetzt zwei Schlüssel heraus und verteilt sie. Meine Begleitung kommt aus der Toilette und nickt. Was is? Wolltest du hier nur aufs Klo gehen?

Die beiden dünnen Frauen versperren uns den Weg. Die eine hat verbundene Handgelenke und so gut wie keine Figur mehr. Die andere hält sich bei ihr fest. Ich bin dann wieder da, versichert ihnen der Mann mit den Schlüsseln. Und sie gehen hinaus und wir bis zur Tür hinterher.

Oder was wolltest du sonst?

Ich wollte nur was nachschauen hier.

Und was? Oder ist das ein Geheimnis?

Er setzt den linken Mittelfinger auf die Nasenspitze. Ob die Zeichnung noch da ist, die ich mal auf die Klowand gemacht hab.

Von der Seite ist er schöner als von vorne. Sein Profil,

solange er die Nasenspitze etwas eindrückt, wie ein gelungener Namenszug. Eine nicht ganz natürliche Vollkommenheit, die, indem er nun den Finger wieder wegnimmt, auf der Stelle verschwindet; plötzlich ist etwas zu viel da. Etwas, das ich nicht angeben, nicht beschreiben könnte, weil es so geringfügig, so bedeutungslos ist, daß ein ganzes Wort bereits mehr sagen würde, als zur Verständlichmachung notwendig wäre.
Und was war das für eine Zeichnung?
Das kann man schwer sagen.
Wir laufen über die Gutleutstraße, immer Richtung Main. In letzter Zeit habe ich nur zwei längere Gespräche geführt, wovon eines ein Telefongespräch war, mit einem Teilnehmer, der sich verwählt hatte. Das andere Gespräch fand im Moseleck statt, ganz in der Nähe von hier.

Am Rande des Hafengeländes, vor einem Tankschiff, das an der Mauer festgemacht hat, sind wir stehen geblieben. Wie sagt man.., möchte ich wissen. Ist das ein Kahn oder ein Schiff..? Und noch mehr interessiert mich auf einmal: Ob der Benzin geladen hat.. oder Rohöl..?
Meine Begleitung denkt nach. Wäre ich mir sicher, daß sie nirgends eindeutig männlich ausfällt, einen Paarungsdrang hätte ohne festgelegtes Geschlecht, würde ich jetzt einen Vorstoß wagen. Jeder erste Kuß ist ein größeres Wagnis als alle folgenden Vereinigungen. Es gehört ein nicht antrainierbarer Schneid dazu, eine Rücksichtslosigkeit gegenüber den Folgen

eines Einschnitts in den fremden Körper. Jeder erste Kuß ist einen Augenblick lang grausam. Eine kurze Glasklarheit auf beiden Seiten, in der alles auf der Kippe steht. Ein Moment der Gleichzeitigkeit, den ich schon lange nicht mehr erlebt hab.. Zuletzt, ich glaube.. nach einer Feierstunde in der Deutschen Bibliothek.. Ja richtig, genau..
Was meinst du?
Ich habe nichts gesagt.
Du hast gesagt: Nach einer Feierstunde in der Deutschen Bibliothek.
Ich wollte wissen, was auf dem Schiff ist.
Eins nach dem anderen.
Gut. Also nach dieser Feierstunde kam es zu einem Kontakt mit einer Kinderbuchlektorin, der darin gipfelte, daß wir uns in der Garderobe küßten, und erst danach unsere Unterhaltung über die Nützlichkeit der Verwertungsgesellschaft WORT fortsetzen konnten, zwar durchsetzt mit Anspielungen auf sämtliche Chancen, die dieser Kuß eröffnet hatte, doch in erster Linie mit Hinweisen gespickt auf das Unmögliche in allem.
Das ist ein Schlepper, sagt meine Begleitung, und es wird wohl Benzin drin sein.
Wahrscheinlich, sage ich; die Raffinerien liegen ja alle woanders.., höre dann auf sein Schweigen und platz nach einer Weile mit dem Satz hinein: Ich finde, daß man eigentlich nur durch den Benzinpreis mit dem Gang der Geschichte in Verbindung steht.., will weiterreden, aber werde unterbrochen.
Ich bin noch bei dem Wort Raffinerie, sagt meine

Begleitung und spricht am Schluß in einer Höhenlage, wie sie bei Männern nur selten vorkommt und dann sofort durch tiefes Räuspern freigesprochen wird von jedem Verdacht. Ich schätze sie auf Mitte zwanzig. Mitte zwanzig käme mir entgegen. Bartwuchs hat sie keinen, abgesehen von einzelnen Haaren zwischen hellem Flaum, der zu den Ohren hin dunkler wird. Ihr Kopfhaar ist dicht und fällt bis über die Schultern, deren Breite nicht genau erkennbar ist. Das weite Hemd verbirgt die Körpergrenzen. Die Hose dagegen liegt an und bildet einen Blickfang an mehreren Stellen. Ich schaue immer wieder hin; denn ich verliere immer wieder aus den Augen, was ich eigentlich sehen will. Und plötzlich, bei dem Gedanken an dieses bloße Hin- und Fortsehen, fällt mir eine seltsame Begegnung ein, mit einer seltsamen Person, die auch nicht zu durchschauen war, in keinem Augenblick.

Woran erinnerst du dich? erkundigt sich meine Begleitung, während wir wieder zurückgehen. Auf dem gepflasterten Weg, der am Main entlang führt, sie ein Stück vor mir und ich immer langsamer werdend, um dadurch glaubhaft zu machen, daß ich ihre Frage gar nicht gehört haben kann.

Ihr Becken ist das einer Frau, der Gang der eines Mannes, ohne männliche Aufdringlichkeit. Weder seine Bewegungen noch seine Worte zeigen ein Übergewicht. Im Gegenteil, sie vermitteln etwas Unbeschwertes, einen Schwebezustand über der Vergangenheit; kein Unabhängigkeitsverhältnis, aber eine ständige, diskrete Verachtung für alles hinter ihm Liegende. Seine Neugier indessen scheint keine Grenzen zu kennen. Was er gerade vor sich findet, zählt und kann gestorben sein im nächsten Moment. Und noch mit dieser Überlegung beschäftigt, spür ich auf einmal ein Umarmungsverlangen: Jetzt, noch in diesem Moment, will ich ihn unbedingt halten, immer noch und andauernd, nach wie vor nur dieses eine, nur ihn zu halten, jetzt; das eine wie das andere zur selben Zeit – und mit diesem Gedanken vergeht das Gefühl von wacher Bewußtlosigkeit. Das alles ergreifende Verlangen ist wieder vorbei, und ich möchte nun nachdenken, darüber.

Was ist eigentlich in der schwarzen Mappe, die du immer so festhältst?

Meine Begleitung hat sich umgedreht, läuft ein Stückchen rückwärts und ich rufe: Papiere..! – bemüh mich dann um eine Nachempfindung, doch etwas hindert daran; ein ganz anderer Gedanke nimmt immer mehr Platz ein: Die Stadt zu verlassen, umzuziehen, den Wohnort zu wechseln.. und Überlegungen dazu: Wo ich kürzlich noch zu Hause war, in der alten Wohnung, die ich aufgelöst hab, ist jetzt schon ein anderer zu Hause; wohin ich gerade noch zurückkehren kann, in meine Pension, in der ich seitdem wohne, wird schon morgen ein anderer zurückkehren womöglich; ja eigentlich bin ich schon so gut wie weg von hier.

Jetzt habe ich ihn beinahe wieder eingeholt. Wieso Raffinerie? frag ich aus kurzer Entfernung. Was ist mit dem Wort? Wir sind nun in Höhe der Untermain-

brücke und bleiben ohne Verabredung stehen. Es ist kühl geworden. Er müßte frieren.
Ist dir nicht kalt?
Nein überhaupt nicht.
Ich überhole ihn in einem Bogen, gehe die Treppen zum Mainkai hinauf und höre, daß er mir folgt, zunächst mit Abstand, dann auf dem Fuß.
Ich finde es aufregend, sagt er hinter meinem Rükken, es stecken so viele andere Wörter mit drin, keine ganzen, aber Teile davon. Raffgier zum Beispiel oder Raffinesse.. Du bist ein ziemlich künstlicher Mensch, ruf ich zurück. Laufe nun etwas schneller, noch kurz vor einem Auto über die Hofstraße rüber, dann weiter zum Theater und warte dort vor einem der Schaukästen auf ihn. Sehe mir dort Probenfotos an, Schauspieler in nachdenklichen Haltungen, als seien sie die Autoren ihrer Rollen, bis er neben mich tritt und schaut, wonach ich schaue. Das Wahllose an seiner Neugier beginnt mich langsam zu ärgern.
Ich gehe nie ins Theater, behaupte ich mit einem Mal und versuche seinen Blick auf mich zu lenken. Durch die Spiegelwirkung in der Verglasung des Kastens hatte ich den Eindruck gewonnen, besonders gut auszusehen für einen Moment, und wollte ihn nicht versäumen.
Ich gehe auch nie ins Theater, sagt er, meinen Blick erwidernd, mir so genau in die Augen, daß er gar nichts sehen kann von meinem Aussehen. Und ich trete zwei drei Schritte zurück, doch umsonst: Ihn interessiert das Ganze überhaupt nicht; wahrscheinlich weiß er nicht mal, ob ich groß bin oder klein.

Ich mag deine Augen, stellt er fest, geht dann wortlos weiter und ich jetzt wieder hinterher. Vorbei am Schauspielhauscafe, bis an den Rand der Straße, die er inzwischen schon fast überquert hat, und weiche der Bahn in Richtung Hauptbahnhof aus, der ersten oder der letzten. Das Zeitgefühl ist nicht mehr zuverlässig, Überbrückungen fallen schwerer; zwischen einzelnen Sätzen unseres Gesprächs klaffen so lange Pausen, daß ich vor jedem Aufgreifen des Zuletztgesagten die Befürchtung habe, der Faden könnte gerissen sein – und dann um so erstaunter bin, wenn er sich, noch im gleichen Moment, wieder zeigt. Als sei die Rißempfindung selbst ein Teil des Fadens..
Kann man sagen.. die Unterbrechung der Kontakt..
Das kommt mir auch so vor.
Er muß stehen geblieben sein, weshalb auch immer; ich bin auf ihn aufgelaufen, mit meiner Brust auf seine und umarme ihn jetzt fast infolge der Fliehkraft. Sehe mich als Hampelmann dabei, denke jedenfalls so etwas und rieche einen Atemzug lang seinen Geruch, während er die Finger knapp auf meine Schultern legt und uns dann soweit distanziert, bis wir beide wieder im Gleichgewicht sind.
Was kommt dir auch so vor? frage ich ihn, noch einmal den Harmlosen spielend.
Daß die Unterbrechung der Kontakt ist zwischen uns..
Ach so, sage ich. Das klingt nur wie ein Zitat.., löse mich, aus eigenem Antrieb, weiter von ihm und bestimme den Weg.
Nebeneinander laufen wir durch die Grünanlagen

vor der Bank für Gemeinwirtschaft, meinem leeren Hochhaus entgegen. Hin und wieder kommen unsere Arme aneinander, und ich werde zum Schweigen gezwungen. Was ich sagen möchte, vereint sich mit dem Gegenteil, noch bevor ich es aussprechen kann; ganz andere, unbeabsichtigte Dinge kämen zur Sprache vermutlich. Und ich frage ihn nicht, wie er heißt, wovon er lebt und ob er mit mir in das leere Hochhaus ginge, sondern schließlich und zu meiner Überraschung, ob er Hunger habe. Wir könnten irgendwo gut frühstücken gehen, schlage ich ihm, gleich im Anschluß an die Frage, vor. Ich hätte Lust zu frühstücken irgendwann..

Ich freß nur gegen den Hunger, antwortet er, ein paar Schritte später, lacht und behält den Ausdruck etwas länger als sonst. Diese drei parallel verlaufenden tiefen Schnitte von den äußeren Augenwinkeln über die Wangen bis zum Kieferknochen. Ich schaue weg, und eine Platzangst berührt mich, obwohl wir gerade über einen Rasen gehen – durch den Park, der zum Neubau der Deutschen Bank führt, welcher vierundsechzig Zentimeter höher werden soll als mein Gebäude – und über der Erinnerung an diese Differenz ist das Beklommenheitsgefühl verschwunden. Stattdessen nun der Gedanke, keinen Spielraum mehr zu haben, mich jetzt weder verabschieden noch für den Rest meines Lebens, je nach Bedarf, auf seiner Begleitung bestehen zu können. So gesehen schon etwas Unerträgliches in der Beziehung zwischen ihm und mir; und im Gefolge dieser Überlegung kehrt die Idee der Hausbesetzung wieder.

Kannst du dir vorstellen, in einem leerstehenden Hochhaus zu leben?
Er scheint darüber nachzudenken, und ich versuche unterdessen, Bilder zu entwerfen von den Möglichkeiten dort. Etwas zu treffen, das ihn unwiderstehlich anziehen müßte, das am Ende auch etwas körperlich Zwingendes hätte; den angenehmen Druck des Selbstverständlichen verbreitete.
Kann ich schon. Und du? erkundigt er sich. Wie stellst du dir das im einzelnen vor?
Ach, sage ich, und die Bilder, die eben noch standen, purzeln davon, gleiten ab in lauter offene Fragen. Ob ich ihn so anziehe wie er mich; ja ob er mich womöglich begehrt, mich vielleicht sogar verführen will; und wie das alles im einzelnen, und diese beiden Worte aus seinem Mund haben meine Vorstellungen so durcheinandergebracht, aussehen soll.
Warum hast du es so eilig? ruft er mir nach.

Das täglich größer werdende, sanierte Gelände rings um mein Hochhaus, welches seit kurzem FRANKFURTER BÜRO CENTER heißt, ist zwar eingezäunt, aber nicht gesichert; niemand scheint mit meinen Plänen zu rechnen. Ich laufe um das Haus herum und schaue nach einer Tür.
Hier ist doch alles zu, höre ich ihn hinter mir und gehe weiter. Dicht an den Wänden entlang, in die ich, mit einem scharfen Stein, den ich zufällig gefunden habe, eine fast ununterbrochene Linie ritze. Wo die Fluchttreppe endet, ist eine schwarzgestrichene Stahltür ohne Klinke.

Du, hier ist eine Tür, teil ich ihm mit und sehe mich um. Er ist weg.
Er ist weg, und ich sollte jetzt auch verschwinden. Weg von hier! sage ich laut. Auf dem kürzesten Weg zum Bahnhof und ab. Diese Übergangszeit dauert nun auch schon ein paar Wochen und droht, zu einer neuen Form zu werden. Einer neuen Form, hast du gehört?
Er ist tatsächlich weg, nirgends zu sehen. Ich öffne meine Mappe und überprüfe den Inhalt. Was ich brauche, habe ich dabei. Alle Unterlagen immer mit mir rumzutragen ist kein Tic; in meiner Pension wärn sie nicht sicher, die ist mit Fremden überfüllt, lauernden Asylanwärtern. Hast du das gehört..? Lauernden Asylanwärtern! Und rufe noch: Wo bist du? hinterher und fange an, zu suchen.
Neben meinem Hochhaus ist eine Grube ausgehoben worden für das nächste. Ich schätze, sie ist fünfzehn Meter tief. Auf dem Grunde liegen Gegenstände, für die ich keine Worte habe. Bist du da unten..? Ein halbes Dutzend Dinge ohne Namen, rätselhafte Sachen. Bist du da oder nicht?
Ich bin dort.
Seine Stimme kam von woanders, aus einer unerwarteten Gegend. Er muß hinter meinem Rücken an mir vorbeigelaufen sein und scheint nun ein gutes Stück vor mir zu stehen, am Rande des Bauzauns ungefähr, und da entdecke ich ein Teil von ihm: Seine rechte Schulter ragt hervor; dann ist sein Arm für einen Augenblick zu sehen und ein paar Strähnen seiner Haare.

Ich weiß, wo du bist!
Doch er hört mich nicht, und ich rufe noch lauter, schreie beinahe und warte dann ab. Plötzlich löst er sich vom Zaun, tritt zur Hälfte in Erscheinung und läuft, an einem liegengelassenen Fahrzeug entlang, auf die Mainzer Landstraße zu; mir nicht davon, wie ich glaube, sondern nur, um mal wieder zu schauen, nach irgendwas anderem. Und ich folge ihm, bis an den Rand des Zaunes, und schaue ebenfalls. Auf der anderen Straßenseite, in den Sträuchern vor dem Blittersdorfplatz, bewegt sich etwas hin und her. Aus Richtung Galluswarte kommt ein Mercedes und biegt dann nach rechts ab, in die Weserstraße. Aus Richtung Opernplatz kommt ein VW, recht schnell meinem Gefühl nach, und trifft ihn, zwei Momente später, als ich mich gerade für etwas anderes zu interessieren begann, genau mit dem Kühler.

Genau mit dem Kühler, und der Knall war so gewaltig, daß die Überraschung einen Augenblick lang größer gewesen sein muß als das inzwischen schon wieder verblaßte Entsetzen. Meine Vorstellung über die Konsistenz eines menschlichen Körpers wurde auf der Stelle umgeworfen; aber auch die Wucht, die hinter einem schnell fahrenden Auto steckt, löste Erstaunen über Nichtfürmöglichgehaltenes aus, und ich staune noch immer, Sekundenbruchteile danach. Er ist so hoch in der Luft und dreht sich dort oben, daß ich zunächst an eine Augentäuschung denke, dann sofort an Akrobatik und im Anschluß daran, wie ich auf ihn aufgelaufen bin, vorhin vor dem BfG

Hochhaus, und mir überdies, während er sich nochmals dreht, Hampelmann und Registriermaschine durch den Kopf gehen, nur diese beiden Worte, kurz bevor er auf die Straße fällt, völlig geräuschlos für mich, als stände ich weit weg von hier.

Registriermaschine war der letzte Einfall vor diesem Weggetretenfühlen; ich stehe da und sehe dem Volkswagen nach, der jetzt gefährlich schleudert, auszubrechen droht, mit zwei Rädern auf den Bordstein kommt, nun wieder abdriftet nach links, noch einmal außer Kontrolle gerät, dabei jedoch in eine Bahn geworfen wird, in der sich seine Kräfte fangen, eine enge Rechtskurve fährt, in die Westendstraße einbiegt und verschwindet. Ich warte noch, bis der Motorenlärm verklungen ist. Dann geh ich auf ihn zu und spüre, daß ich pinkeln muß.

Da sonst niemand herumläuft, wird es zwischen vier Uhr dreißig und viertel vor fünf sein; und noch ein Gedanke schiebt sich davor: Jetzt ein Warndreieck haben, um hinzuweisen auf den Unfall.

Er liegt auf dem Rücken, mit ausgestreckten Beinen und atmet wie ein Schlafender. Seine Augen sind offen, seine Hände streichen auf der Brust herum, die eine rutscht ihm gerade runter, auf den Asphalt; die Kleidung über seinem Unterleib ist dunkelrot. Und auf einmal brülle ich aus Leibeskräften: Hilfe! Hilfe! und höre es wieder im nächsten Moment, ein Echo von irgendwoher, schätze die Entfernung, kann nicht anders, etwa vierhundert Meter, und knie mich dann neben ihn hin. Will ihn erstmal halten, weiß

jedoch nicht wie und wo; er sieht mich auch nicht hilfesuchend an, im Gegenteil, und während ich noch zögere, greift er meine Hand.
Kein Arzt, niemand.., sagt er mühelos.
Du mußt ins Krankenhaus, sofort! rufe ich, als läge er nicht gleich daneben.
Nein, nein. Erzähl mir, was da unten los ist. Ich kann es von hier aus nicht sehen.
Hör auf zu sprechen, bitte ich, hör auf.. und versuch mich dabei freizumachen, doch er gibt nicht nach.
Sag mir, was ich habe, was da unten los ist.
Und ich mache mir ein Bild. Sehe hin und wieder weg und ergänze die Eindrücke dann. So könnte ihn die Oberkante der Windschutzscheibe getroffen haben, nachdem er durch den ersten Aufprall entsprechend hoch gehoben wurde; an einer Stelle, in Höhe der rechten Hosentasche, überlappen sich Kleidung und Fleisch sowie das Buch, in welchem er gelesen hatte. Der Autorenname auf der Vorderseite ist nicht mehr erkennbar und vom Titel nur noch ein Bruchteil:
PUNG
Du bist verletzt da unten, sage ich und brülle noch einmal Hilfe! in eine andere Richtung. Aus seinem Mund dringt ein Laut, der zum Befehlston wird. Sag mir, was du sehen kannst! verlangt er. Seine Augen zeigen immer noch die gleiche Neugier. Er versucht in meinem Blick zu lesen, und ich schaue zur Seite. Sag mir, was du siehst, rede doch bitte, hör nicht auf zu reden, ja.. Und auf einmal lockert sich sein Griff; die Finger haben nachgegeben, ich fange seine Hand und lege sie ihm auf die Brust. Will nun endlich Hilfe

holen – und komme nicht an seinem Blick vorbei. Ein panischer Ausdruck, aber ohne jede Angst. Ein äußerster, auf mich, seinen einzigen Zeugen, gerichteter Sog.
An seine Augen geheftet, hole ich Briefpapier aus meiner Mappe, breite einige Bögen über die offene Stelle, ziehe dann meine Jacke aus, rolle sie zusammen, hebe seinen Kopf ein Stück und schiebe sie darunter.
Du willst nicht, daß ich es sehe.
Ich will nur, daß kein Schmutz reinkommt.
Kann man richtig reinschauen?
Von meiner Stirn tropft Schweiß, fällt auf seinen Hals und rinnt ihm über die Kehle, bis in die Drosselgrube hinunter. Sag mir, was man alles sieht. Erzähl mir, wie es innen aussieht.
Es ist nichts zu sehen.
Dann ist also gar nichts drin..
Ich glaube dir nicht. So redet kein Mensch.
Und wie redet ein Mensch?
Ganz anders.
Ich bin doch kein Geist.
In seinem Blick entspannt sich etwas. Die Lider fangen an zu zittern, die Pupillen werden kleiner, er läßt mich aus den Augen.
Rede doch weiter. Erzähl mir, wie du da oben in dem Hochhaus leben willst.. wie du dir das vorstellst so im einzelnen..
Neben uns hält ein Volvo, und eine Frau sieht durch das Fenster an der Beifahrerseite. Einen Krankenwagen! rufe ich ihr zu, und sie ruft zurück: Ich fahr zu

einer Zelle! und fährt davon. Das Briefpapier hat sich vollgesogen, ich schichte neue Bögen drüber. Drehe mich etwas herum dabei und fühle plötzlich wieder seine Hand; nur ihr Gewicht auf meinem Schenkel.
Du bist ein Lebenskandidat, flüstert er mir zu, gibt ein Zeichen, daß ich näher kommen soll, und lacht mir dann mit einem Mal, als nur noch eine Handbreit zwischen uns liegt, auf seine stumme Weise entgegen.
Du hast recht, sage ich und leg ihm meine Hände auf die Wangen. Versuche die Furchen zu glätten, vermag es aber nicht; schließe nun die Finger hermetisch und spür erst jetzt die Kälte seiner Haut.
Rede doch, hör nicht mehr auf, ich merk mir alles, was du sagst, ich kann mir noch alles behalten.
Was war das für ein Bild, das du dir vorhin wieder angesehen hast auf der Toilette?
Kein Bild, eine Zeichnung. Mein Lebenswerk, weißt du. Ich hab sonst nie was gezeichnet.
Und was war das für eine Zeichnung?
Lauter gerade Striche. Aber mit Bewegung drin.
Was heißt Bewegung?
Interessier mich für Bewegungen, weißt du. Drüben da hat sich vorhin was bewegt.
Sonst interessiert dich nichts..
Zähl mir, wie du dir das vorstellst oben.. einzelnen..
Ich weiß es noch nicht. Vielleicht werde ich Erde mitnehmen und auf dem Dach Gemüse pflanzen.
Gemüse ziehen.
Vielleicht..

Heißt Gemüse ziehen. Und was für?
Alles Mögliche. Auf jeden Fall Erdbeeren.
Sind kein Gemüse.
Hast du Schmerzen?
Sein Blick springt hin und her, die Augen schnappen auf; er feuchtet sich die weißen Lippen und nimmt einen Anlauf zum Sprechen. Denkst aber nicht, sagt er langsam, jedes Wort hervorarbeitend, an ne politische Aktion dabei.. Ich schüttel den Kopf, Nein, nein, eine ganz, ganz private Hausbesetzung.. und schiebe meine Zeigefinger über seine Augen und beide Daumenkuppen über die dunklen Härchen an seinem Kinn. Schaue auf den geöffneten Mund und hoffe, daß mir die Wirkung seiner Lippen eine Schneise ins Gehirn schlägt, durch alle Einwände durch. Daß mir etwas widerfährt, was ich nicht zu Ende denken kann; ein Augenblick, der sich nicht mehr auffächern läßt, in den der Wunsch ihn zu küssen wie in ein Vacuum hineingezogen werden könnte, jetzt gleich.

Wieder hält ein Auto, ein BMW, und ein Mann steigt aus. Nicht anfassen! ruft er, noch während er um das Fahrzeug herumgeht. Ich bin Arzt, sorgen Sie für einen Notarztwagen! Drängt mich beiseite, beugt sich über den Körper und verdeckt ihn fast. Los, los!
Und ich greif nach meiner Mappe, richte mich auf und laufe davon. Lasse meine Jacke zurück und überlege im Laufen, in welcher Farbe, anthrazit oder rostrot, ich mir eine neue kaufen werde. Laufe immer

schneller und gabele unentwegt auf; den Lärm der Müllabfuhr, die Geräusche von Sirenen, einen grünen Socken auf dem Bürgersteig, den Geruch von Urin, eine vereinzelte Taube, den Rolls Royce von gestern abend; die Elbestraße ist jetzt beinahe menschenleer. Vor den Eingängen zu den Frauenhäusern liegen hellblaue Plastiksäcke, in denen sich, in Kleenextücher eingewickelt, die Reste aus der Liebesarbeit stauen. Das Briefpapier fällt mir ein, ich habe es zurückgelassen. Auf den Bögen steht mein Name, aber ohne Adresse; und ich hänge nun an dieser Briefpapiervorstellung.

Ecke Kaiserstraße, vor dem Kaufhalleneingang, bleibe ich stehen. Die Uhr am Hauptbahnhof zeigt irgendwas nach sechs. Wahrscheinlich hat das Piccolo schon offen; rüberzulaufen und nachzuschauen, was wirklich auf der Klowand ist, geht mir plötzlich durch den Kopf – womöglich eine richtige Zeichnung mit einem erläuternden Text – und ich bin unentschlossen. Bis ich meinen Frühstücksappetit auf einmal wieder spüre.

Der Gedanke an ein Frühstück hat mich umgestimmt. Ich laufe Richtung Bahnhof, bei McDonald vorbei, fahre mit der Rolltreppe in die B-Ebene unter dem Vorplatz und geh in einen Imbiß. Kaufe mir zwei Brötchen und eine Tasse Kaffee und stelle mich an eine der Theken, zu einem Mann, der mir zunickt. Alle anderen Theken wären frei gewesen, merke ich erst jetzt. Der Mann nickt noch einmal, als stimme er sich oder mir oder gar uns beiden, unserer kleinen Frühstücksgemeinschaft, grundsätzlich zu und trinkt

dann einen Schluck; um seinen rechten Daumen trägt er ein Pflaster. Ich nippe an meinem Kaffee und versuche an morgen zu denken. Und nach ein paar aussichtslosen Sekunden muß ich ihn fragen: Kommen Sie von der Arbeit oder gehen Sie erst hin?
Ich komme, sagt er. Ich komm.
Und wo arbeiten Sie, wenn ich fragen darf?
In Höchst draußen, den Farbwerken.
Und was machen Sie dort?
Er trinkt noch einen Schluck, spreizt den verletzten Finger dabei ab, spricht ein Wort aus, das ich noch nie gehört hab bisher und scheint dann auf etwas zu warten.
Und da haben Sie sich verletzt, sage ich schließlich, setze meine Kaffeetasse ab, und er stellt sein Bier auf die Theke. Löst nun mit der linken Hand das Pflaster, wendet den Daumen und zeigt mir seine Wunde, für einen Augenblick, und hat sie schon wieder verdeckt – fast gleichzeitig mit meinem Griff nach der Mappe.

Sie mit beiden Händen an mich haltend, bin ich hinaus und laufe. Am Strom der Pendler vorbei; vorbei an einem guten Hinterteil; an jungen Polizisten; einem Zeitungsstand, den Schlagzeilen des Tages, Neue OPEC Beschlüsse; an Theaterplakaten entlang; vorüber an einem bekannten Gesicht; einem Buchgeschäft, einem Fenster mit neuerschienenen Büchern, noch immer diese schmalen Bände; vorbei an ein paar Schwarzen, Soldaten mit ihren Mädchen; vorbei an einem Mund; auf eine Treppe, die nach oben rollt, neben Türken und anderen Asiaten, in die große Bahnhofshalle, und reihe mich am Ende ein – am Ende der Schlange, die vor dem ersten Inlandsschalter steht.

Frankfurt/Main, Mai 1979 bis Juli 1980

Von Bodo Kirchhoff
erschienen im Suhrkamp Verlag

Ohne Eifer, ohne Zorn. Novelle. 1979. 100 S. Brosch.

Body-Building. Erzählung. Schauspiel. Essay. 1980. 162 S.
edition suhrkamp Band 1005

Die Einsamkeit der Haut. Prosa. 1981. 100 S. Brosch.

Wer sich liebt. 1981. 100 S. Brosch.

Zwiefalten. Roman. 1983. ca. 240 S. Brosch.

st 822 Marcel Proust
Sodom und Gomorra
Auf der Suche nach der verlorenen Zeit
Vierter Teil
Deutsch von Eva Rechel-Mertens
2 Bände, zus. 724 Seiten
»Von der Erfahrung Prousts in Deutschland verspreche ich mir Entscheidendes, nicht im Sinne der Nachahmung, sondern in dem des Maßstabes. ... Angesichts des desorientierten Zustandes der deutschen Prosa, wenn nicht der Krisis der Sprache überhaupt, ist Rettendes zu hoffen von der Rezeption eines Dichters, der das Exemplarische vereint mit dem Avancierten.«
Theodor W. Adorno

st 823 Sylvia Beach
Shakespeare and Company
Ein Buchladen in Paris
Aus dem Amerikanischen von Lilly v. Sauter
Mit Abbildungen
248 Seiten
»*Shakespeare and Company* ist kein gelehrtes Buch, es ist ein ganz persönlicher Bericht. In Sylvia Beachs Erinnerungen kommen nahezu alle vor, die in den zwanziger Jahren eine Rolle spielten, und Sylvia Beach zählte sie alle zu ihren Bekannten.« *The New Yorker*

st 824 Erik H. Erikson
Lebensgeschichte und historischer Augenblick
Übersetzt von Thomas Lindquist
296 Seiten
Die Frage, um die es Erikson in diesem Buch geht, lautet: Psychoanalyse – Anpassung oder Freiheit? Erikson plä-

diert für eine Form von Adaption, die den Patienten befähigt, die Realität so zu sehen, wie sie ist, was nicht bedeutet, sie in ihrer Faktizität einfach hinzunehmen. Eriksons »goldene Regel« für seine eigene Praxis ist ein Begriff von Anpassung, der auf Gegenseitigkeit und Anerkennung basiert.

st 825 Volker Erbes
Die blauen Hunde
Erzählung
190 Seiten
Die blauen Hunde erzählt die Geschichte einer Krankheit. Scheinbar unangekündigt trifft sie eine junge Frau. Die Vorgeschichte zeigt, daß die Formen ihres Wahns nicht zufällig sind oder abstrus, sondern bis in die absonderlichen Details biographisch bestimmt. Auch der Erzähler, der ehemalige Freund dieser Frau, wird von dem Wahn, der der Wahn einer Epoche ist, erfaßt. Indem er ihre Geschichte erzählt, entdeckt er betroffen die Rolle, die er darin spielt.

st 826 Phantasma
Polnische Geschichten aus dieser und jener Welt
Herausgegeben und übersetzt von Klaus Staemmler
Phantastische Bibliothek Band 77
282 Seiten
Zwanzig Erzählungen von neunzehn Autoren stellt dieser Band vor, utopische und phantastische Geschichten, heitere und ernste, amüsante und besinnliche; Spekulationen über die Zukunft stehen neben satirischen Seitenhieben auf die wenig vollkommene Gegenwart. Und es gibt auch gar schauerliche, diabolische und unheimliche Geschichten.

st 828 Hermann Lenz
Die Begegnung
Roman
204 Seiten
»Ein wundersames und wunderbares Buch ... ein Roman, der ganz unwichtig tut und doch voll Weisheit ist; der beiläufig erzählt wirkt und doch Existentiellem auf den Grund geht; der in geschichtlicher Zeit spielt und uns die eigene Zeit und unsere eigene Zerrissenheit besser wahrnehmen läßt.« *Deutsche Zeitung*

st 829 Pablo Neruda
Liebesbriefe an Albertina Rosa
Zusammengestellt, eingeführt und mit Anmerkungen versehen
von Sergio Fernández Larraín
Aus dem Spanischen von Curt Meyer-Clason
Mit Abbildungen
338 Seiten

Wer die Memoiren Nerudas gelesen hat, kennt seine Erzählhaltung. Das Schreiben sei für ihn wie das Schuhemachen – und so urpersönlich, sympathisch warm und menschlich ist auch der Ton dieser Briefe. Sie befassen sich mit Zuneigung und alltäglichen Sorgen, mit Hoffnungen und Enttäuschungen.

st 831 Helm Stierlin
Delegation und Familie
Beiträge zum Heidelberger familiendynamischen Konzept
258 Seiten

»Die Beiträge des Bandes verarbeiten eine Fülle von Fallbeispielen und therapeutischen Erfahrungsdaten vor dem Hintergrund der psychoanalytischen Grundannahmen zu einem komplexen System von Hilfestellung für die unterschiedlichsten familiären Konstellationen. Lesenswert für jeden, der an Einsicht in ein komplexes Gefüge von Zusammenhängen interessiert ist.«

Wissenschaftlicher Literaturanzeiger

st 833 J. G. Ballard
Die Tausend Träume von Stellavista
und andere Vermilion-Sands-Stories
Aus dem Englischen von Alfred Scholz
Phantastische Bibliothek Band 79
204 Seiten

Vermilion Sands, ein Wüstenkurort zur Erfüllung der ausgefallensten Träume der gelangweilten Reichen, jetzt Künstlerkolonie für Maler, Literaten, bildende Künstler und Musiker, ist in einem langsamen, aber unaufhaltsamen Verfall begriffen. Dichter drücken lediglich auf die Knöpfe ihrer Computer, die automatisch für sie dichten; tönende Skulpturen wachsen aus dem Boden, und empfindsame Pflanzen reagieren auf die Töne der Musik.

Alphabetisches Gesamtverzeichnis der suhrkamp taschenbücher